DROEMER

*Über den Autor:*
Christoph Schwennicke studierte Germanistik, Politikwissenschaft und Journalistik in Bamberg und besuchte die Deutsche Journalistenschule in München. Nach seinem Studium arbeitete er als freier Mitarbeiter für verschiedene Tageszeitungen. Ab 1993 war er Redakteur, später Bonner Korrespondent der »Badischen Zeitung«. 1996 wechselte er zur »Süddeutschen Zeitung«, wo er zunächst Korrespondent der Parlamentsredaktion in Bonn, dann Korrespondent in London war. Ab 2005 leitete er die Parlamentsredaktion der »Süddeutschen Zeitung« in Berlin und wechselte schließlich zum »Spiegel«. Seine Leidenschaft gehört neben seiner Familie dem Angeln.

Christoph Schwennicke

# DAS GLÜCK AM HAKEN

## DER EWIGE TRAUM VOM DICKEN FISCH

DROEMER

**Besuchen Sie uns im Internet:**
**www.droemer.de**

FSC
www.fsc.org
MIX
Papier aus verantwortungsvollen Quellen
FSC® C083411

Vollständige Taschenbuchausgabe November 2015
Droemer Taschenbuch

Ein Imprint der Verlagsgruppe
Droemer Knaur GmbH & Co. KG, München

Covergestaltung: Network! Werbeagentur GmbH
Coverabbildung: Gettyimages/Big_Ryan
Satz: Adobe InDesign im Verlag
Druck und Bindung: CPI books GmbH, Leck
ISBN 978-3-426-30095-4

2 4 5 3 1

Für Ulrike, Jule und Jacob,
mit dem ich gerne angeln
gegangen wäre

Denn mit dem Angeln verhält es sich wie mit der Dichtkunst: Man muss dazu geboren sein, muss vor allem Lust und Liebe dazu haben, obwohl Übung und Erfahrung dazukommen müssen. (…) Aber hat man es erst einmal erfasst und übt diese Kunst aus, dann findet man an ihr ebenso viel Wohlgefallen wie an der Tugend, die bekanntlich ihren Lohn in sich selber trägt.

*Izaak Walton, Der vollkommene Angler oder Eines nachdenklichen Mannes Erholung, 1653*

# Inhalt

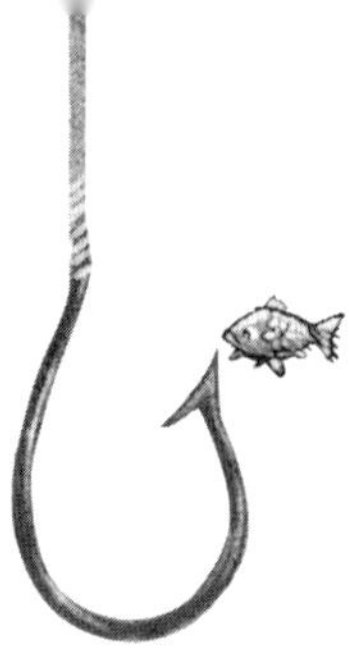

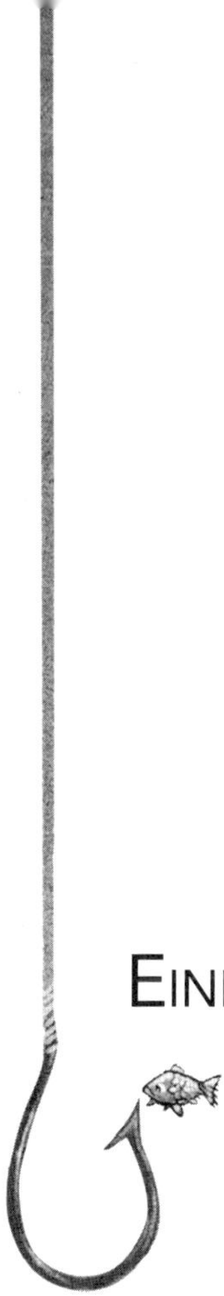

# Einleitung

Die Leute glauben, wir angeln, um Fische zu fangen. Ach, die Leute. Sie verstehen uns nicht. Was verstehen sie schon.

Ich jedenfalls will keine Fische fangen. Man stellt sich nicht stundenlang an einen Fluss, man übernachtet nicht tagelang an einem Weiher, man kämpft nicht einen endlosen Tag auf See gegen den Brechreiz, um Fische zu fangen. Man macht das, um meistens keine Fische zu fangen. Das ist der tiefere Sinn der Sache. Viele von uns verhindern es geradezu absichtlich, Fische zu fangen. Sie knipsen den Widerhaken am Haken ab. Man nennt das artgerechtes Angeln. Sie angeln nicht an den Stellen, an denen der Fisch steht, sondern dort, wo er fast nie steht. Man nennt das Berücksichtigung der Schongebiete. Sie fischen nicht in den Zeiten, in denen der Fisch beißt, sondern in Zeiten, in denen er nicht beißt. Man nennt das Berücksichtigung der Schonzeiten.

Meistens keine Fische zu fangen – darin liegt der Reiz, das höchste Glück, das nur noch vom Glück übertroffen wird, ab und zu mal einen Fisch zu fangen. Wer Fische nach Hause tragen will, geht zur »Nordsee« oder zu REWE um die Ecke. Zum Angeln aber geht der, der Fische nach Hause tragen möchte, nicht.

Pilzsucher und Angler haben sehr viel gemeinsam, weshalb sie oftmals in Personalunion auftreten. In meiner Person beispielsweise. Im Herbst, wenn das Licht intensiv und die Blätter golden und rot werden, dann kann ich mich oft nicht entscheiden: auf Hecht an den See oder auf Steinpilze ins alte Übungsgelände der sowjetischen Armee in der Nähe des Sacrower Sees.

Es gibt kaum ein größeres Gefühl der Wollust, als kleine wohlgewachsene Steinpilze unter einer Eiche stehen zu sehen, sie vorsichtig aus dem Boden zu lösen und behutsam in einen Korb zu legen. So ein kleiner Steinpilz sieht aus wie ein Champagnerkorken, ist prall und feist und rund und so sinnlich wie die Venus von Willendorf. Er ist erotisch, verströmt einen diesem Lebensbereich nicht so fernen Geruch, wie etwa Günter Grass in der Blechtrommel seinen Oskar Matzerath erstaunt feststellen lässt. Kurzum: So ein Korb voller kleiner praller Steinpilze aus dem Wald ist schierer Sex.

Ein Korb Steinpilze vom Gemüsehändler ist das nicht. Er ist einfach ein Korb Steinpilze, der ein Vermögen gekostet hat. Was Steinpilze zu einem erotischen Objekt macht, ist die Eroberung, die Suche, die lange vergebliche Suche, die Enttäuschung, die unerfüllte Sehnsucht, und endlich: auch einmal die Erfüllung. Ich habe mich schon von Pilz zu Pilz mit einem Jauchzen und orgiastischen Stöhnen geworfen, dass Menschen, die in dem Moment mit mir am Handy verbunden waren, völlig falsche Assoziationen hatten – oder eben so falsche auch wieder nicht. Der Sammeltrieb und der Jagdtrieb sind starke und sehr archaische Triebe des Menschen, mag er inzwischen auch mit dem Handy im Wald telefonieren, während er sich von Kappe zu Kappe stöhnt.

Mit den Fischen ist es wie mit den Pilzen. Keiner würde auf die Idee kommen, zu sagen: Ich gehe Pilze holen im Wald. Genauso wie keiner sagen würde, ich gehe Fische fangen im See. Wir gehen Pilze suchen und angeln. In diesen Bezeichnungen ist das

Scheitern als Normalfall schon sprachlich berücksichtigt.

Wir Fischer scheitern meistens, und wir scheitern gern. Im Fischen findet das Scheitern seinen höchsten Ausdruck. Denn nur wenn wir neunmal gescheitert sind, können wir einmal auch ein überglücklicher Mensch sein.

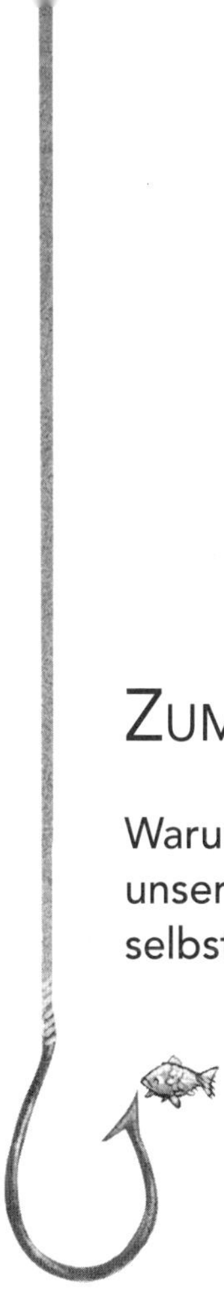

# Zum Stand der Dinge

## Warum wir Angler besser sind als unser Ruf, an dem wir im Übrigen selbst schuld sind

Drumherumreden bringt nichts. Es ist so: Wir werden nicht gemocht, und wir sind selbst schuld. Es liegt nicht an der Ignoranz und Ahnungslosigkeit der anderen. Nein, wir sind schuld, und keiner sonst. Wir sind Stießel, Misanthropen, Wunderlinge. Eine Zumutung für den Rest der Welt.

»Du, du …«, wenn einem kein schlimmeres Schimpfwort mehr einfällt, dann sollte man rufen: »Du Angler!« Wir sind geächtet, Aussätzige, Schrate, bestenfalls.

»Ach, du angelst? Das hätte ich nicht gedacht!« Diesen Satz, gesprochen in einem ganz eigentümlichen Tonfall, habe ich in meinem Leben wieder und wieder gehört. Dieser Tonfall liegt zwischen ehrlicher Überraschung und kaum verhohlener Abscheu. Ebenso gut hätten sie sagen können: »Ach, du schlägst also kleine Kinder.«

Der Ruf des Anglers, nun ja. Ohne genauere Erhebungen zu kennen, dürfte sich unser Ansehen zwischen dem eines Call-Center-Mitarbeiters und dem eines kräftigen Angestellten eines Inkasso-Unternehmens bewegen. Angler sind möglicherweise glückliche Menschen, wie ein Aufkleber auf vielen Autohecks behauptet. Beliebte Menschen sind sie nicht unbedingt.

Das Ansehen eines Menschenschlags leitet sich ab von seinem Verhalten und Auftreten. Bei uns beginnt das Problem bei der Anmutung. Unsereins steht manchmal in Kleidungsstücken am See oder am Fluss, bei denen andere sogar zögern würden, sie in einen Altkleidercontainer zu werfen, weil auch Mitmenschen, die auf diese Spenden angewiesen sind, ein Recht auf einen Rest an Menschenwürde haben.

So stehen wir dann da, gekleidet wie eine Vogelscheuche und auch ungefähr so lebendig, den Kopf tief zwischen den Schultern versenkt, die Kapuze eines alten Bundeswehrparkas über das Haupt gezogen, den Blick aufs Wasser geheftet. Wir sind wahrlich nicht die besten Botschafter unserer Sache.

Ganz Unerschrockene wagen dennoch einen Annäherungsversuch an den reglosen Schrat.

»Na, beißt was?«

Eine nette Frage eigentlich, so interessiert und anteilnehmend, aber nur dann, wenn sie an ein normales soziales Wesen gerichtet wird, nicht an einen durchschnittlichen Angler. Der dreht sich um mit einem genervten Blick und stößt im besten Fall eine einsilbige Ansammlung von Konsonanten aus, die sich wie »Mrrff« anhört und dem Knurren eines Rottweilers ähnelt. Die zartgeknüpften neuen Bande werden erfolgreich mit Hass erwidert, wenn der interessierte Spaziergänger am Berliner Schlachtensee Bruchteile seines Fachwissens kundtut (»Ich habe gestern Hering gegessen, gibt's den hier auch?«) oder sein Hund wahlweise die Boilietüte mit den Karpfenködern mit Muschelgeschmack ausfindig macht und aufreißt, oder sich in einer Schnur verheddert, oder ins Wasser platscht, oder alles zusammen.

Die meisten von uns sind so charmant am See wie Horst Hrubesch elegant auf dem Fußballplatz war, weshalb er vielleicht folgerichtig auch Angler ist und ein Standardwerk übers Dorschangeln verfasst hat.

Warum sind wir nur solche Stoffel? Warum sind wir nicht alle wie Brad Pitt im Film »Aus der Mitte entspringt ein Fluss«? Wir könnten dem kleinen Jungen, der so begeistert auf die Rute starrt, anbieten, einmal auszuwerfen, Angelschein hin oder her. Wir könnten dem Hundebesitzer sagen, dass das gar nicht so schlimm ist, dass der Hund jetzt an der Angelstelle ins Wasser platscht, weil der Schlachtensee-Karpfen das gewöhnt ist und seine schöne grün-goldene Schwester, die Schleie, generell durch Aufruhr angelockt wird.

Angler sind nicht per se sexy. Die meisten Frauen haben ein Problem damit, dass jemand mit bloßen Händen einen Tauwurm oder einen Wattwurm auf einen Haken aufzieht und sie hinterher mit den gleichen Händen anfassen möchte, gewaschen hin oder her. Sie brauchen eine Weile, um zu begreifen, dass Hände, die ein 16er-Häkchen an eine 0,10er-Schnur binden können, feinmotorische Fähigkeiten bieten, die auch bei anderen Gelegenheiten von Vorteil sein können, von ihrem Vorteil.

Aber der Angler bleibt der Mann für den zweiten Blick, bestenfalls. Die meisten Angler haben sich ihren Frauen gegenüber erst geoutet, als der Ehering fest am Finger steckte. »Liebling, ich muss dir da noch was sagen …« Wenn man es geschickt anstellt, baut man in der Vorrede die Angst vor schlimmeren Neigungen derart auf, dass das Geständnis beinahe mit Erleichterung aufgenommen wird. »Ach so, du angelst«, sagt sie, die sich schon in Latex-Pelle sah. »Das geht ja noch.«

Danach erst trauen wir uns die richtig fiesen Sachen. Frauen finden es nicht witzig, dass wir unsere Maden im Biofresh-Fach des Kühlschranks zwischen Kopfsalat und Parmaschinken daran hindern, sich allzu schnell zu verpuppen und als Köder wertlos zu werden. Oder dass wir ihre selbstgemachten Gnocchi als Karpfenköder benutzen.

Sie haben allenfalls eine gewisse küchenseitig gestützte Ehrfurcht davor, wenn wir einen Fisch ausnehmen oder sogar filetieren können.

Aber wer rühmt uns am See dafür, wenn wir einen Fisch mit einem dicken Knüppel auf den Kopf schlagen und ihm dann waidgerecht einen Herzstich versetzen? »Der lebt ja noch!«, sagen die Passanten vorwurfsvoll, und dann kann man ihnen lange und vergeblich erzählen, dass das nur noch die Nerven sind, die da zucken, und längst tote Karpfen oder Aale wieder aus der Bratpfanne gehüpft oder geschlängelt sind. Nur wegen dieser Nervenzuckungen.

Es gibt zu viel Unwissenheit auf beiden Seiten, und zu wenig Bemühen.

Ich habe von einem Freund ein hübsches T-Shirt geschenkt bekommen, unförmig und khakifarben. Auf dem Rücken steht »Passanten-Info«, darunter in Versalien:

JA, ES GIBT HIER FISCHE.
NEIN, SIE BEISSEN HEUTE NICHT.
DOCH, ESSEN KANN MAN SIE AUCH.
STIMMT, MAN BRAUCHT EINEN ANGELSCHEIN.

Wir leben in zwei Welten, wir in der richtigen, die die anderen für die falsche halten, und die anderen in der falschen, die sie für die richtige halten. Wenn wir etwa die berühmten Handbewegungen machen auf die Frage, wie groß denn der Fisch gewesen sei, dann lächeln sie alle milde. Ja, ja, schon gut, der Pfleger kommt gleich, ihr Männer habt ja immer ein Problem mit der wahren Länge. Wenn wir von dem Dorsch von mehr als zehn Pfund an der Küste vor Norwegen erzählen, den an unserer Rute auf dem Weg nach oben ein Heilbutt von der Größe eines Perserteppichs attackiert haben muss, weil er nur noch in Streifen am Pilker hing? Ist schon recht, sagt der Blick, hier sind die Pillen.

Aber dann kam die Sache mit dem Wels im Schlachtensee. Sogar der Discovery Channel war mit Unterwasserkameras angerückt. Die Boulevardzeitungen Berlins hatten Taucher im See versenkt. Bilder von Monstern sollten sie schießen.

Und warum das alles? Weil ein Wels eine Schwimmerin attackiert und auf ihrem Oberschenkel einen topfdeckelgroßen Abdruck seiner Zahnreihen hinterlassen hatte. Jawohl, im Schlachtensee leben Welse, jawohl, die werden bis zu 2,50 Meter lang und 200 Kilo schwer, und, jawohl, in der Laichzeit attackieren sie alles, was ihnen zu nahe kommt. Man hätte das wissen können, wenn man unsere Erzählungen nicht verlacht oder ins Reich der Phantasien verwiesen hätte.

Und jetzt? Wer hat da gelacht bei unseren Handbewegungen, wenn wir gezeigt haben, was für einen Kaventsmann wir gefangen haben? So groß, ja, ja, schon gut, haben sie gesagt und so gelächelt wie der Direktor einer psychiatrischen Abteilung, dem der Patient eröffnet, er heiße Napoleon und verlange sofort entlassen zu werden, sonst rufe er seine Truppen.

Uns für verrückt erklären, sich aber jetzt nicht mehr in den Schlachtensee trauen!

Jetzt sind wir dran. Hier sind die Pillen, wohl bekomm's, wir gehen derweil baden im Schlachtensee. Die Laichzeit ist vorüber, und die Welse sind wieder lammfromm, sie stürzen sich nicht mehr auf Schwimmerinnen, sondern, wenn wir Glück haben, auf unseren Köderfisch, am besten ein mundgerechter Aal.

Warum nur hat sich da so ein Graben aufgetan? Es muss dringend etwas getan werden gegen diese interkulturelle Kluft. Wir sind schließlich zwar eine gefühlte, aber keine wirkliche Minderheit: allein 3,8 Millionen Angler in diesem Land, davon 1,5 Millionen mit Angelschein, die knapp 80 Millionen Normalen gegenüberstehen. Das ist ein Massenproblem. Da muss Integrationsarbeit geleistet werden.

Normale Menschen müssen verstehen lernen, warum wir den Kormoran, dieses fliegende fischmordende Ungeheuer, diese Ratte der Lüfte, ausrotten wollen, sie müssen verstehen, warum wir eine Party um Mitternacht verlassen, weil der Wetterwechsel für den nächsten Morgen um halb fünf am See gute Aussichten auf einen guten Fisch verspricht. Sie müssen verstehen lernen, warum es ein existenzielles Erlebnis ist, den Biss einer Schleie in klarem Wasser mitzuerleben, die in nervenzehrenden Runden um unseren Köder kreist, wieder und wieder, zweimal wegschwimmt, wiederkommt und den Cocktail aus Mais und Mistwurm dann doch endlich einsaugt, ganz langsam. Sie müssen verstehen lernen, was so schön daran ist, still dazusitzen und plötzlich einen schillernden blauen Pfeil an sich vorbeischießen zu sehen, der sich als Eisvogel erweist, am Halensee, mitten in Berlin, keinen Kilometer Luftlinie vom Kurfürstendamm entfernt.

Die Kunst des Lebens besteht darin, möglichst viele wertvolle, schöne Momente zu sammeln. Beim Angeln sammelt man diese Momente.

Angeln ist praktische Philosophie. Angeln ist Kontemplation und Stress, Angeln ist Ruhe und Kick, Angeln ist auf und ab. Angeln ist mit einem Wort: das Leben. Henry David Thoreau hat in seinem philosophischen Bericht über seine zwei Lebensjahre an einem Waldsee nahe seiner Heimatstadt viele Sätze von ewiger Schönheit geschrieben. Einer der schönsten aber ist die Metapher, die Zeit sei »nur ein Fluss, in dem ich angeln gehe«. Was Thoreau in »Walden« beschreibt, die Flucht aus der einen Welt in eine andere, hält sich bis heute in einer Redensart im Englischen. »Gone fishing« sagt man nicht etwa, wenn jemand buchstäblich die Angelrute eingepackt hat und rausgefahren ist. »Gone fishing« sagt man von einem, der sich bis auf weiteres verabschiedet hat, der den ganzen Zinnober nicht mehr mitmacht. »Ich bin dann mal weg« – der Buchtitel des Komikers Hape Kerkeling über seinen Selbsterfahrungstrip auf dem Jakobsweg trifft die Formulierung im Deutschen am ehesten, und der unerwartete Erfolg des Buches zeigt die Sehnsucht danach.

Dies sei der Versuch einer interkulturellen Verständigung. Wir verstehen inzwischen Araber, Buddhisten und sogar Frauen. Jedenfalls geben wir uns Mühe. Warum sollen wir nicht eines Tages auch Angler verstehen? Ich meine – der Fischer und sein Freund vom See Genezareth, Ernest Hemingways alter Mann und das Meer, der Menschenfischer Johannes Rau – es gibt doch kulturelle Anknüpfungspunkte. Es muss doch möglich sein, den Nichtfischern einen Hauch von Ahnung zu geben, welches Geheimnis wir da bergen. Einen Versuch ist es allemal wert, dem Phänomen Angeln auf die Schliche zu kommen. Ganz wird dieses Phänomen sein Geheimnis nicht preisgeben, und das ist auch besser so. Ein Zauber, den man durchschaut, ist kein Zauber mehr.

Ich werde mir Mühe geben. Ich werde versuchen, nachvollziehbar zu machen, warum Donald Klein, der Mann mit dem Sonnenkäppi und dem Nackenschutz und einem Barrakuda in der Hand, mit seinem Anglerboot in die iranischen Gewässer abdriftete und für seine Leidenschaft mit 15 Monaten seines Lebens bezahlt hat. Ich werde versuchen klarzumachen, warum ich mich manchmal mit der Drop-Shot-Rute aus dem *Spiegel*-Büro stehle und in der Spree mitten in Berlin unter der Brücke in der Wilhelmstraße Barschen und Zandern nachstelle. Ich möchte erklären, warum sich manche Leute im Winter in vier Grad kaltes Ostseewasser stellen, sich die Beine abfrieren, um nach tausend Würfen und tausend Tangbatzen am Blinker garantiert keine Meerforelle vor der Insel Poel gefangen zu haben. Ich werde versuchen klarzumachen, warum sich Angler nicht von Hape Kerkeling den Weg zu sich selbst weisen lassen müssen.

Es wird nicht klappen. Also gehen wir's an.

# Das erste Mal

Natürlich kann ich mich an das erste Mal erinnern. Jeder Mann kann sich an das erste Mal erinnern.

Ich konnte es natürlich noch nicht, aber ich wollte es umso mehr. Das erste Mal, ich war gerade sieben geworden, tat ich es dann mit einer zartgrünen

Vollglassteckrute. Mein Vater hatte das an Jahren ehrwürdige Stück von einem Kollegen geschenkt bekommen. Den knüppelharten Stecken haben wir immer noch in Familienbesitz. Den Korkschaft hat im Keller in einer der vielen tausend Nächte, die die Rute dort stand, eine Maus fast durchgenagt, sie musste als völlig überbeanspruchte Notrute bei einem Norwegen-Urlaub mit meiner Familie im Hardangerfjord herhalten und büßte dabei die Steckhülse ein, die sich beim Zerren an einem brachialen Hänger hoffnungslos verbog.

An dieser hellgrünen Rute ruckte und zuckte meine erste Forelle. Der besagte Kollege hatte meinem Vater erlaubt, an seiner Forellenstrecke zu fischen, und wie es sich für einen sechs- oder siebenjährigen Jungen gehört, habe ich ihn bewundert, wie er den ersten Fisch fing. Den zweiten hat er nach dem Anhieb generös mir überlassen. Es ruckte und zuckte und leistete Widerstand am anderen Ende der Schnur.

Dieses Erlebnis hat mich nie wieder losgelassen. Fortan wurde im Urlaub geangelt, wo immer sich die Gelegenheit bot. Auf der Insel Elba in der Bucht unterhalb des Hotels zum Beispiel, und wieder war die Bewunderung für den Vater grenzenlos, als er den Quengeleien endlich nachgab und auch einmal mit herunter in die Bucht ging und schon nach wenigen Minuten einen kleinen Fisch an der Angel hatte, wo ich über Tage erfolglos blieb. In solchen Momenten werden Väter zu Helden.

Oder, wieder mit der knallharten und viel zu kurzen grünen Rute, in den eines Tages mannshohen Wellen von Cinque Terre, als die alten Männer des Ortes ihre acht Meter langen und in der Spitze millimeterdünnen und sensiblen Stippruten herausholten und mit weit ausholenden und ruhigen Bewegungen an der Hafenmole zu fischen begannen, weil sie wussten, dass bei diesem Seegang die vorsichtige Meeräsche zum Anbiss zu verleiten war, und wir mit unserem harten, kurzen Stecken tatsächlich neben vielen kleinen stachligen Fischchen, die die Einheimischen am Stück in die Fritteuse warfen, zwei oder drei Meeräschen von der Größe einer ordentlichen Forelle an Land zogen.

In einem Hotel auf der Turracher Höhe in den Kärntner Bergen gehörte es dazu, dass die Gäste in dem glasklaren See, an dessen Ufer das Hotel lag, die Forellen darin angeln durften. Zwar war es eigentlich verboten, dazu Elritzen, lebende, zu benutzen, heimlich habe ich diesen besten aller Forellenköder aber doch gefangen und an einem entlegenen Winkel des Sees als Köder eingesetzt.

Es lief prächtig. Zu meinem Leidwesen waren die Hotelgäste allerdings gehalten, die gefangenen Fische in der Küche abzugeben.

Am letzten Abend vor der Abreise schlug mein Vater vor, die fünf strammen Regenbogenforellen im kühlen Gras an unserer entlegenen Angelstelle zu verstecken, um sie am nächsten Morgen mit dem Auto abzuholen und mit nach Hause zu nehmen. Ach, er hatte immer gute Ideen, mein Angelvater.

Oder der Zwischenstopp auf einem Gut bei Verwandten, zu deren Domäne ein alter lehmbrauner Dorfweiher gehörte, in dessen Einlauf zwei in meinen Augen riesengroße Fische standen, die ich für Hechte hielt. Inzwischen war ich neun oder zehn geworden, hatte eine Menge gelesen übers Angeln und führte meinen vermeintlichen Hechten artgerecht und waidgerecht Blinker und Spinner aller Art vor der Nase entlang. Bis mein Vater die Szenerie betrat, sich die Sache besah, einen Haken ohne alles auf die Schnur band, daran eine Brotkugel festdrückte, sie in die Strömung des Bächleins warf, die Brotkugel direkt auf die beiden vermeintlichen Hechte zutrieb und der größere der beiden zupackte und die Rute zu einem Halbkreis bog.

Der Hecht erwies sich als recht stattliche Regenbogenforelle von gut vier Pfund, die als Raubfisch eigentlich ebenso wenig auf Brot scharf sein sollte wie ein von mir vermuteter Hecht. Aber mein Vater hatte schon immer einen sehr pragmatischen Blick auf die Dinge beim Angeln.

Fängig ist nicht, was in den Heften und Büchern steht oder was als besonders sportlich und vornehm angesehen wird. Fängig ist, was fängt. Deshalb heißt es ja so.

Nie vergessen werde ich in dieser Beziehung auch einen Urlaub in der Steiermark, bei dem wir ab und zu an einen Bergsee zum Baden gingen, in dem ein feiner Herr in feinem Zwirn und edel ausgerüstet mit einer künstlichen Fliege den Saiblingen nachstellte. Neben ihm ein Adlatus, der ein hübsches Weidentäschchen umgehängt hatte und dem feinen Herrn die Fliegen auf einem schwarzen Samtkissen wie auf einem Tablett servierte.

Es sah sehr elegant aus, wie der feine Herr die Schnur durch die Luft sausen ließ, um die künstliche Fliege wie ein echtes Insekt schließlich auf der Wasseroberfläche aufsetzen zu lassen. Und er warf, und holte ein, und schwang die Schnur, die peitschenförmige Linien in die Luft zeichnete, und er warf wieder und wieder und wieder.

Selten war Misserfolg eleganter. Gefangen hat er nichts, der feine Herr, aber mein Vater hatte ihn genau beobachtet und die Schatten im klaren Gebirgswasser auch. Eines Tages kehrte er von einem Ausflug an den Einlauf des Sees zurück, mit einem breiten Lächeln im Gesicht und einer unnatürlich dicken Badehose, aus der er an unserem Badeplatz so heimlich wie möglich drei prachtvoll gefärbte Seesaiblinge holte. Gefangen mit einer einfachen Strippe und einem Wurm am Haken.

Schwarzgefischte Fische, abtransportiert in der Badehose. Da war er wieder, mein Held.

Wie gesagt, mein Vater gehörte zu den Pragmatikern unter den Anglern, nicht zu den Ästheten. Der Zweck heiligte die Mittel, und erlaubt war, was Erfolg versprach. Dieser Schule gehöre ich bis heute an. Nicht mehr unbedingt was das Schwarzfischen anlangt, obwohl es uns als Jungs den größten Kick gegeben hat, selbst wenn nur kleine Barsche an die Strippe gingen. Es ist ein bisschen wie in anderen Lebenslagen auch: Das Verbotene lockt noch mehr, steigert den Kick.

Die Döbel zum Beispiel in einem Baggersee reizten mich und meinen damaligen Lieblingsfreund Michi ganz besonders, schon allein deswegen, weil wir herausgefunden hatten, dass seine Schnappschildkröten, obgleich aus Lateinamerika stammend, Fetzen dieser Fische sehr gerne verschlangen und es eine Freude war, sie mit zerfetzten Fischen zu füttern.

Wie aber fischt man schwarz an einem See, der von Badenden belagert wird und an dem jeder Badehosenträger sich als Mitglied des örtlichen Angelvereins entpuppen könnte? Es dauerte ein wenig, bis wir die Lösung hatten, aber sie war eine, die sich dann als sehr erfolgreich erweisen sollte. Scheinbar teilnahmslos setzten wir uns auf den Steg, unter dem die Döbel dösten, hatten die Schnurrolle in der Hosentasche, und statt eines ordentlichen, aber eben knallbunten Schwimmers hatten wir einen kleinen, noch flexiblen Ast zerbrochen, die Schnur dazwischengeklemmt und die Bruchstelle wieder zurückgebogen. Wir kamen uns ziemlich genial vor. Niemand wundert sich über ein schwimmendes Stück Holz im See, jedenfalls nicht, bevor es, wie von Geisterhand gezogen, untergeht.

Der echte Kick kam daher nach dem Biss, wenn man sich mit der Schnur in der Hosentasche und allem, was daranhing, ins Gebüsch schlug, um den Döbel möglichst unauffällig an Land zu ziehen. Michis Schnappschildkröten schmatzten vor Freude, als wir wieder zu Hause waren.

Schwarzfischen ist ja ein wenig verpönt, was sehr ungerecht ist und dieser hohen Kunst nicht gerecht wird. Nur einmal kurz nicht aus der rechtlich-moralischen Warte betrachtet, die zu primitiv ist, die ganze Dimension dieses Tuns zu erfassen: Etwas Verbotenes tun und angeln – das ist der ultimative Kick, der absolute Nervenkitzel. Diese Art der Angelei sollte, anstatt geächtet zu werden, geadelt und als Behandlungsmethode bei Darmträgheit erwogen werden. Über die abführende Wirkung des Schwarzfischens wird viel zu verschämt geschwiegen.

Ein anderes Mal nämlich hängten wir unsere Strippen an jenem Baggersee ins Wasser, für den ich inzwischen längst eine Lizenz habe, meinen Waldensee. Auf dem See dümpelte ein Boot mit zwei Gestalten vor sich hin, die plötzlich in wildes Gestikulieren ausbrachen und, soweit sich das Gebrüll über den See richtig übertrug, etwas von »Schwarzfischern« und »Na, wartet!« riefen, worauf sich das Schlauchboot erstaunlich geschwinde unserer Angelstelle näherte. In fliegender Eile schnappten wir unsere Räder, in Michis Hinterachse fraß sich beim Fortfahren die vom Gepäckträger gerutschte Jacke fest, bis das

Rad blockiert war, worauf wir die Flucht zu Fuß in den nahen Illerwald fortsetzten.

Bei dieser Gelegenheit zeigte sich die verdauungsfördernde Wirkung einer solchen Flucht, und wir machten die Erfahrung, dass die bratpfannengroßen Blätter des Alpenampfers, einer Pflanze, die ein wenig aussieht wie Rhabarber, zur Not ganz ordentlich als Toilettenpapier taugten. Man lernt die Natur in so einem Augenblick ganz neu und unter anderen Aspekten kennen.

Die Jacke war hinterher zerrissen und hoffnungslos mit Kettendreck verschmiert, und die vermeintliche Schwarzfischerpolizei entpuppte sich als älterer Bruder eines Mitschülers und dessen Freund, die selbst ohne Angelschein auf dem See unterwegs waren. Aber eine Jacke, eine neue Naturerfahrung mit Wald-Rhabarber und das herzliche Lachen auf dem Schulhof, als sich der Vorfall zufällig aufklärte, waren jedes Risiko wert.

In einem Sommer waren wir mit der Familie im Urlaub im Bayerischen Wald. Es war einer jener Urlaube, bei denen man sich schon bei der Ankunft fragt, wer eigentlich auf die Idee gekommen war, hierherzufahren. Die Unterkunft war lausig, was in diesem Falle wörtlich zu nehmen war, weil sich meine Schwester Katrin vor Langeweile so gut mit den Bauerskindern des Hofes verstand, auf dem wir in einer Art Scheune untergebracht waren, dass sie bald deren Kopfläuse teilte, die sich wiederum auf den Kopf meiner Mutter ausbreiteten, was allen sehr peinlich war, denn damals redete man noch nicht über Läuse, sondern kaufte Goldgeist heimlich in der Apotheke.

Mein Vater und ich, beide nicht verlaust, versuchten verzweifelt, die Tage mit Sinn zu erfüllen, und fuhren zu einer Forellenzucht, in der man sich seine Fische selbst fangen konnte.

Im Nachhinein betrachtet, war es ein bisschen so, als hätte der Vater seinen Sohn in den Puff mitgenommen, nur, dass es sich hierbei nicht um einen Frauenpuff, sondern einen Forellenpuff handelte. Kaum hatte man ausgeworfen, da sauste der Schwimmer auch schon in die Tiefe, und wenn man sich nicht ganz doof anstellte, lag bald danach eine zappelnde Forelle im Gras. Es war im Grunde stinklangweilig, keine Aufregung, gar nichts. Jeder winzige Barsch, den ich mit Michi schwarzgefischt hatte und der ehrlich überlistet sein wollte, war spannender als diese Bordellforellen, die es bei jedem taten.

Sie stürzten sich, mit Forelli, einer Art Hühnermastfutter für Forellen, aufgezogen, auf alles, was ins Wasser geworfen wurde. Einmal habe ich heimlich einen Kaugummi in den Weiher gespuckt, und auch den schnappte sich gierig eine Forelle. Es tat mir im nächsten Moment leid, weil ich mir vorstellte, wie dieser Kaugummi der Forelle nun den Magen verkleben und sie qualvoll verenden würde. So einen Tod hatte nicht einmal so eine blöde Bordellforelle im Bayerischen Wald verdient.

Einige Tage später entdeckte ich bei einem Ausflug über die Felder hinter dem Hof einen kleinen Wiesenbach, eher ein liebliches Rinnsal als ein Fluss, vielleicht einen Meter breit. Seine Ränder waren unterspült, und im Lauf des Wassers schwangen sich langsam die langen Fäden von Wasserpflanzen wie langes, nasses Haar. Ab und zu zischte ein kleiner Pfeil von einer Seite auf die andere, kaum einen Augenaufschlag dauerte das. Forellen, echte wilde Forellen! Ich rannte zurück zum Hof und erzählte nach Luft japsend meinem Vater davon, der wie immer in solchen Fällen ungerührt tat und meinem Flehen, sofort mit einer kleinen Strippe dorthin aufzubrechen, nicht nachgab.

Es war oft so. Otto Waalkes hat dieses Vater-Sohn-Verhältnis in einem wunderbaren Sketch von Father-Bull und Son-Bull eingefangen. »Father-Bull and Son-Bull are standing on a hill«, fängt Otto an, und die beiden sehen im Tal »a great flock of young crispy cows«. Son-Bull sagt dann zu Father-Bull ganz hektisch: »Let's run down and fuck one of them.«

»Oh son, oh son, you bloody bastard!«, sagte Father-Bull dann mit tiefer tadelnder Stimme.

»Let's walk down and fuck them all!«

So ähnlich hat sich mein Vater in Fragen das Angelgeschäft betreffend immer verhalten. Am nächsten Tag also kam er mit einer Rolle Schnur, einem Haken und einer Mistgabel. Es war ein Leichtes, sich auf dem Hof mit Würmern einzudecken. Der Mist wimmelte vor Mistwürmern.

An meinem Wiesenbach angekommen, pirschten wir uns an den Rand des Wasserlaufs und versuchten jede Erschütterung in dem federnden Gras zu vermeiden. Mein Vater warf mit einer mir sehr lässig erscheinenden Bewegung den Wurm am Haken ins Wasser, der sich daraufhin seinen Weg durch die langen, nassen Haare suchte und tänzelnd bachabwärts trieb. Es dauerte keine zehn Sekunden, da schoss die erste Forelle aus ihrem Versteck auf die Beute zu. Eine Bachforelle, sie war winzig, keine 20 Zentimeter lang, aber wunderschön. Die roten Punkte leuchteten an ihren Flanken, und die Anmut ihres kleinen muskulösen Körpers faszinierte mich. Kein Vergleich zu den fetten gemästeten Regenbogenforellen aus dem Angelbordell. Nie hätte sich diese rotgetupfte Schönheit auf einen Kaugummi gestürzt.

Oder die Hallig Hooge. Meine Eltern hatten schon immer eine Schwäche für vorsätzlich langweilige Urlaube, und langweiliger als auf einer Hallig, das geht gar nicht. Eine Hallig gibt es eigentlich gar nicht, sie ist eine Laune der Natur, der der Mensch mit ein paar Maulwurfshügeln ähnlichen Aufschüttungen, die er Warften nennt, etwas Land abtrotzt.

Öde für einen Jungen von neun oder zehn Jahren. Verzaubert aber haben mich die Priele, jene Wasserläufe, die das Watt bei Ebbe durchziehen. Leider durfte ich dort nicht angeln, weil man da leicht von der

Flut verschlungen hätte werden können, und ich vergaß damals schon Raum und Zeit, wenn ich fischte.

Stattdessen hatte mein Vater wieder eine dieser Ideen. Eine Hallig ist überzogen von lauter kleinen Tümpeln, in denen das brackige Wasser steht, das die letzte Sturmflut zurückgelassen hat. Einer dieser Tümpel befand sich nicht weit weg von unserer Warft, und mein auf Ertrag ausgerichteter Angelvater vermutete Aale in diesen Pfützen. Also legte er abends eine lange Schnur aus, mit mindestens einem Dutzend Haken, ein jeder mit einem selbst gegrabenen Wattwurm versehen.

Er sagte, wir müssten uns am nächsten Morgen sehr früh aufmachen, weil Aale die Eigenschaft hätten, bei Sonnenaufgang aktiv zu werden und sich mit aller einem Aal eigenen Aaligkeit vom Haken zu befreien.

Ich hatte verschlafen, die Sonne war schon aufgegangen, als ich die Schnur aus dem Tümpel zog. Tatsächlich hatten sich weite Teile der ausgelegten Leine in einen schleimigen Batzen verwandelt, weil sich drei Aale offenbar so lange gewunden haben, wie der sprichwörtliche Aal, bis sie den Haken los waren. Nur ein Aal hing am Seil. Tot. Er hatte sich selbst erwürgt bei den Versuchen, sich zu befreien. Die Schlinge hatte sich fest um seinen Hals gezogen.

Am Abend bin ich dann lieber gleich bei der Schnur geblieben und habe beim ersten Ruckler eingeholt.

Ein anderes Mal fuhren wir an die Schlei. Wieder so ein vorsätzlich langweiliger Urlaub und ein kolossales Missverständnis obendrein. Unter der Schlei hatte sich meine Mutter ein lieblich mäanderndes Flüsschen vorgestellt, das so weich und still dahinfließt wie sich sein Name spricht. Tatsächlich ist die Schlei ein gewaltiger Meereseinschnitt der Ostsee auf der Höhe von Kappeln, eine Art Sund, jedenfalls kein dem Meer entgegenmäanderndes Flüsschen.

Wir rumpelten mit dem ehrwürdigen Mercedes, der bei der Firma, in der mein Vater arbeitete, ausgedient hatte und den er mit stolzer Motorleistung übernommen hatte, über die Holzbohlen einer gewaltigen Brücke über die Schlei, als uns das Missverständnis bewusst wurde.

Die Stimmung auf diesen Reisen war nie besonders gut, sie war eigentlich schon zwei Tage vor der Abfahrt stets gereizt, aber nun bewegte sie sich nach acht Stunden Fahrt und diesem Anblick einem neuen Tiefpunkt entgegen.

Es kam aber noch schlimmer. Gleich nach der Brücke bog mein Vater, der Beschreibung des Vermieters folgend, scharf nach rechts ab, und schon nach wenigen Metern fanden wir uns in der Hofeinfahrt der angegebenen Adresse wieder.

Das war also unsere Bleibe. Noch weit entfernt rumpelte ein nicht enden wollender Güterzug über die besagte Brücke, und die Schlei stellte das physikalische Phänomen unter Beweis, dass sich Schall über die Wasseroberfläche hervorragend überträgt.

Vor dem Haus, dessen Einliegerwohnung wir beziehen sollten, riss der Strom an Autos nicht ab. Das sogenannte Ferienhaus lag an einer Art Hauptschlagader zwischen Lindaunis und Kappeln. Schließlich machte uns die Vermieterin deutlich, dass es sich bei der im Prospekt versprochenen Terrasse um das Dach der Garage handelte, die zum Haus gehörte – schön mit Blick auf die Landstraße.

Die Stimmung war, nun ja, gedämpft. Ich aber war sehr zufrieden und hatte nichts Eiligeres zu tun, als aus dem Kofferraum erst einmal meine grüne Vollglasrute zu zerren, ein paar Utensilien zu schnappen, nach Würmern zu buddeln, eine der wenigen Lücken im Verkehr auszunutzen und über die Straße an die Schlei zu sausen, deren Wasser gegen die Steinpackung klatschte.

Es gibt so etwas wie einen Angel-Engel, da bin ich ganz sicher. Dieser Angel-Engel hat ein Herz für Anfänger und enthusiastische Jungangler. Jedenfalls dauerte es keine zehn Minuten und die Pose tauchte ab, ich schlug an und holte einen Aal aus der Schlei, der als etwas dickerer Schnürsenkel jeden Wanderschuh geziert hätte – etwas kurz vielleicht.

Drüben passierte, rottomm-rottomm-rottomm, wieder ein Güterzug die Brücke, und ich hatte etwas Mühe, gegen dessen Lärm anzubrüllen, um meinen Vater herbeizuzitieren, der sich alsbald fachmännisch um den kleinen Aal kümmerte.

Eine Stunde später rollte er sich im heißen Fett der Pfanne zusammen, und ich war mir sicher, dass wir einen sehr schönen Urlaub hier in diesem Domizil verbringen würden.

Wir zogen dann doch um, und um mir den Verlust meines fängigen Angelplatzes an der Landstraße leichter zu machen, lud mich mein Vater an einem der nächsten Tage ein, von Kappeln aus eine Angeltour auf einem Dorschkutter mitzumachen.

Mein Gott, war ich aufgeregt. Meine grüne Vollglasrute – sie war das richtige Gerät für jeden Einsatz, was auch insofern gut war, als ich gar keine andere Angel hatte – war umgerüstet mit zwei Beifängern aus knallrotem Gummi und einem Pilker am Ende. Der Kahn, vollbesetzt mit Laien, denen der Skipper einfach ein Holzbrett mit einer aufgewickelten Angelschnur so dick wie eine Wäscheleine in die Hand gedrückt hatte, lief aus dem Hafen aus.

Ich fühlte, wie Vorfreude und Hybris gleichermaßen in mir hochkrochen. Alles Anfänger an Bord, alle hatten nur dieses blöde Brett mit den Haken, ummäntelt mit buntem Plastik in der Hand, am Ende der Schnur ein dickes unförmiges Blei. Ich war, so kam mir das vor, der einzige Profi an Bord, der Einzige, der wusste, wie man pilkt, wie man dem Dorsch mit Auf-und-ab-Bewegungen vorgaukelte, bei dem Pilker handele es sich um einen kranken Sandaal oder einen einsamen Hering.

Nach einer halben Stunde Fahrt hatten wir einen Fanggrund erreicht, den der Kapitän offenbar als fängig erachtet hatte und an dem ihm sein Echolot

Fisch versprach. Er gab das Signal zum Fischen, und alle wickelten ihre Wäscheleinen von den Holzbrettern, nur ich hob und senkte meinen Pilker anmutig mit meiner hellgrünen Vollglasrute.

Es dauerte nicht lange, und die ersten Dorsche ruckten mürrisch an den Leinen. Mein Onkel Peter, ein fröhlicher Mann mit nur einem Bein, aber zu jeder Schandtat bereit, feixte vor Freude, als er seinen ersten Fisch über die Bordwand hievte, und überhaupt, Krethi und Plethi begann nun, Fisch über Bord zu holen, jede Mutti, jeder Papi und überhaupt alle an Bord freuten sich an ihrem Erfolg.

Meine hellgrüne Vollglasrute aber blieb leblos. Ich pilkerte kraftvoller, zog durch, bis meine Oberarme schmerzten. Nichts. Der Angel-Engel schien überhebliche Jungangler mit sadistischer Freude zu bestrafen.

Es blieb den ganzen Tag so. Ich fing keinen einzigen Fisch, während sich alle anderen Fischkisten füllten. Am Ende hatte mein Onkel Mitleid mit mir und reichte mir sein Brett herüber, als wieder ein Dorsch bei ihm angebissen hatte. Ich überlegte kurz, ob ich zu stolz sein sollte, das Brett zu übernehmen, aber dann griff ich danach und holte den Dorsch an die Oberfläche. Richtige Freude hat mir das nicht gemacht. Ich habe mich sehr geschämt dabei. Ich habe mich gefühlt wie jemand, der nicht fähig ist, einen eigenen Fisch zu fangen, und der deshalb einen Fisch, den ein anderer gefangen hat, nach oben ziehen darf. Und genauso war es ja auch. Es war ein schäbiges Gefühl, das mich beschlich, als ich die Leine einholte. Aber es war immer noch besser, als unter den Augen all dieser Dilettanten gar keinen Fisch zu fangen.

# Der Angler an sich – Versuch einer Typologie

Wer glaubt, dass es sich bei Anglern um tendenziell verrückte Menschen handelt, liegt sicherlich nicht ganz falsch, aber er hat dabei nicht berücksichtigt, dass es verschiedene Grade und Erscheinungsformen dieser Verrücktheit gibt. Angler ist nämlich nicht gleich Angler, das weiß spätestens derjenige, der einmal einen Hechtangler über die Karpfenfreaks reden hört, die wieder ihre Mastschweine füttern, bis die Sodbrennen bekommen und nicht mehr wissen, wohin mit ihrer Kraft, weil die Karpfenangler säckeweise hochproteinhaltige Nahrung in ihren Seen versenken.

Was nottut ist eine grobe Typologie des Anglers, die wir im Folgenden ohne Anspruch auf Vollständigkeit versuchen wollen. Um Aufwallungen und größere Komplikationen zu vermeiden sei angemerkt, dass es sich hierbei um Phänotypen handelt, nicht um Individuen. Etwaige Übereinstimmungen sind also rein zufällig, abfällig klingende Formulierungen in keinem Fall persönlich gemeint.

Beginnen wir mit der Urform, dem Archetypus des Anglers, dem Gelegenheitsangler. Er ist ein überaus liebenswerter Geselle. Der Gelegenheitsangler hat sich bei Lidl im Frühjahr mit Angelmaterial eingedeckt, weil es da an den Wühltischen lag und weil der nächste Urlaub im Sommer endlich dazu genutzt werden soll, es einmal zu versuchen. Der Gelegenheitsangler kennt keine Wurfgewichtsangaben für Ruten, weiß nicht, was der Blank am Rutengriff ist, kann einen Wobbler nicht von einem Blinker unterscheiden, aber ich mag ihn trotzdem oder gerade deswegen.

Der Gelegenheitsangler ist der unverdorbene Angler, in dem die Sehnsucht wohnt, der noch nicht gelangweilt ist von einem Vier-Pfund-Hecht und deshalb auf die Malediven oder nach Mexiko fahren muss. Er kann nicht angeln, aber er hat diese Leidenschaft in sich, er ist ein durch und durch leidenschaftlicher Angler, der seine Ahnungslosigkeit durch Elan und Begeisterungsfähigkeit wettmacht.

Der Gelegenheitsangler freut sich immer sehr, wenn er auf jemanden trifft, den er für einen richtigen Angler hält, und sei es nur ein anderer verkappter Gelegenheitsangler, der nur etwas besser Sprüche klopft. Dankbar ist der Gelegenheitsangler für jeden noch so banalen Tipp. Im Grunde reicht ihm schon das Gespräch, ein gefangener Fisch wäre nur mehr das Sahnehäubchen auf diesem Glücksgefühl, dazuzugehören. Am Ende sind wir alle Gelegenheitsangler, nur wollen das viele nicht wahrhaben.

Die Gegenfigur zum Gelegenheitsangler ist der Wettkampffischer. Er versteht beim Angeln keinen Spaß, und Fische sind ihm nichts weiter als eine glitzernde Masse, von der er so viel wie möglich in seinen meterlangen Setzkescher stopfen will, den er dann zur Wiegestelle trägt, um, die Brassen und Plötzen und Döbel hinterher wieder in den Fluss zu kippen.

Der Wettkampffischer käme nie auf den Gedanken, einen seiner gefangenen Fische zu essen, was in den vergangenen Jahren auch besser so war, weil er meistens an Flüssen fischt, aus denen man besser keine Fische isst. Sein ästhetisches Empfinden nimmt so schnell nicht Anstoß an Kernkraftwerken, Staustufen oder Industriehäfen. Im Gegenteil: Der Wettkampffischer versucht beim Wettkampf den Platz direkt hinter dem Kühlwassereinlauf des AKW zugeteilt zu bekommen, weil das warme Wasser die großen Fische lockt. Sein ästhetisches Empfinden ist, sagen wir: entwicklungsfähig. Zu Hause bei ihm hängen keine Hechtköpfe an der Wand, es stehen Pokale der Wettkämpfe im Schrank.

Der Primat des Leistungsgedankens verbindet den Wettkampffischer mit seinem Kollegen, dem industriellen Angler. Der industrielle Angler fährt einmal im Jahr mit einem Kleintransporter nach Norwegen. Auf dem Hinweg ist der Kleintransporter voll mit Fertiggerichten und Paletten von Cola und Bierdosen, die alle in den Styroporkisten geschmuggelt werden, in denen hinterher die Fischfilets dicht auf dicht liegen.

Der industrielle Angler plant die Anreise so, dass er noch am Abend des Reisetages die erste Ausfahrt mit dem Boot machen kann, um keine Zeit zu verlieren. Weit nach Mitternacht, die Mitternachtssonne taucht den norwegischen Fjord in ein gedämpftes Licht, steht er dann das erste Mal im Schlachtraum und portioniert die ersten Dorsche, Lengs und Köhler in kleine Gefriertüten, die er gewissenhaft in die mitgebrachten Styroporkisten schichtet, die er im zum Angelcamp gehörigen Gefrierraum abgestellt hat.

Man ist nicht zum Spaß hier. Pro Kopf – der industrielle Angler tritt meist in Rotten von vier bis sechs Personen auf – müssen mindestens 40 Kilo

Filet erreicht werden im Laufe dieser Angelwoche. Das hier ist also kein Urlaub, sondern Angelakkord.

Am Ende der Woche verklebt der industrielle Angler, der die ganze Woche kein Stück Fisch angerührt und vom vielen Pichelsteiner Eintopf aus der Dose einen chronisch sauren Aufstoß hat, mit wärmedämmendem Isolierband seine Fischkisten und fährt auf dem schnellsten Wege und unter Umgehung aller Sehenswürdigkeiten am Wegesrand zurück nach Hause, um die handlichen 500-Gramm-Pakete noch hartgefroren dem eigenen Gefrierschrank zu überantworten. Vom nächsten Tag an erholt er sich am Arbeitsplatz von dem kräftezehrenden Ausflug.

Ohne größere Reisen kommt auch der Großwildjäger nicht an sein Ziel. Der Großwildjäger könnte zwar an seinem heimischen Baggersee einmal ausprobieren, was es bedeutet, mit einer 0,20-Leine einen 15-Pfund-Karpfen davon abzubringen, unter eine überhängende Weide zu flüchten und hätte dabei den größten Sport der Welt. Aber Fische, die ihn an Körperlänge nicht übertreffen, langweilen den Großwildjäger schon sehr lange.

Für ihn fangen Fische bei zwei Metern Länge und 100 Kilo Lebendgewicht an. Das Gerät darf ruhig etwas gröber sein, die Multirollen erinnern an Seilwinden auf einem Fischtrawler, für den Kampf mit dem Fisch lässt sich der Big-Game-Angler, wie der

Großwildjäger offiziell heißt, auf einem Sitz anschnallen, der Kampfstuhl genannt wird. Bei der flankierenden Ausrüstung wird Wert auf Effizienz, weniger auf Feinfühligkeit gelegt. Wenn vor der Küste Alaskas oder Kanadas auf große schwarze Heilbutte gefischt wird, darf der 45er-Revolver nicht fehlen. Dem Heilbutt wird nach dem Drill in den Kopf geschossen, bevor er, teppichgroß, an Bord gehievt wird.

Das Vorbild des Großwildjägers ist bis heute Ernest Hemingway und dessen alter Mann und dessen Meer, nur die Ausrüstung hat sich wie gesagt seither etwas verbessert. Kein dickes Tau schneidet mehr bis auf die Knochen der Finger, stattdessen wird von den Helfern eimerweise kaltes Wasser auf die Rolle geschüttet, die unter dem Zug eines großen Thuns oder eines Blue Marlin zu kochen anfängt.

Nur der Schönheit und nicht der schieren Größe hat sich der Ästhet verschrieben. Der Ästhet schwingt seine Fliegenrute wie eine große Peitsche über dem Kopf, er hat ein Bastkörbchen an seiner rechten Hüfte hängen, und ein Kescher aus Weidenholz schwimmt neben ihm an seiner linken Hüfte. Die Wathose ist aus dunkelkgrünem Neopren, der Ästhet steht in einem reißenden Gebirgsbach unterhalb eines kleinen Wasserfalls, in seinem Blickfeld türmen sich die Viertausender von Eiger, Mönch und Jungfrau. 1500 Euro hat der Ästhet für die Tageskarte an diesem Bach bezahlt, dafür hat er sich verpflichtet, keine Widerhaken an seinen Fliegen zu verwenden, was sicherstellen soll, dass sich keine Forelle oder Äsche an seinem Haken zu sehr verletzt, dass sie nicht mehr zurückgesetzt werden könnte, was aber in der Praxis meistens dazu führt, dass der Fisch schon wieder freikommt, bevor der Ästhet ihn über den Holzrand seines eleganten Keschers ziehen kann.

Der Ästhet stellt die Schönheit über den Erfolg, und deshalb hat er auch meist keinen. Wenn er aus Versehen doch einmal einen Huchen fängt, hat er sich vorher vertraglich dazu verpflichtet, das Tier wieder schwimmen zu lassen. Aber er kann sich in dem Gefühl sicher sein, einer der korrektesten Angelmenschen zu sein, die es überhaupt gibt. Er zahlt Unsummen an Geld für die teuersten Fischstrecken dieser Welt dafür, um garantiert keinen Fisch zu fangen, und sollte es wider Erwarten doch einem Fisch passieren, sein nasses Bündel Federn und Tierhaare für eine Beute zu halten, sollte dieser Fisch wider Erwarten auch ohne Widerhaken am Haken bleiben und über den Kescherrand rutschen, so ist es für den Ästheten eine Selbstverständlichkeit, den Auflagen der Naturschutzbehörde und des örtlichen Angelvereins Folge zu leisten und dieses Tier sofort wieder dem Bach zurückzugeben.

Für den Ästheten hat der Pragmatiker nur mehr ein müdes Lächeln übrig. Der Pragmatiker geht zum Angeln, nicht um einen Schönheitspreis zu gewinnen. Er möchte das Gewässer mit Fischen im Rucksack verlassen, und dafür ist er gewillt, alles zu tun. Zunächst einmal geht er nach der Methode vor, dass der Köder kein Kunstwerk aus Rehhaaren und Perlhuhnbrustflaum sein muss, sondern in erster Linie dem Fisch schmecken sollte. Was dem Fisch am besten schmeckt, eignet sich am besten als Köder. So einfach ist das.

Als kleiner Junge bin ich einmal einem Pragmatiker an einem Teich begegnet, in den ich meine selbst gezogenen kleinen Frösche entlassen wollte, die ich jedes Jahr in einer Emaille-Schüssel auf unserer Terrasse aus einem Klumpen Froschlaich zog, den ich vorher aus einem Bachlauf gefischt hatte.

Als der Fischer mitbekam, dass ich die kleinen Frösche in den Teich entlassen wollte, hat er sich sogleich ein paar von den Winzlingen geben lassen und an den Haken gespießt. Kein schöner Anblick für einen Heranwachsenden, der die Kaulquappen nicht mit getrockneten Wasserflöhen aufgezogen hatte, um sie nun an einem Haken zappeln zu sehen.

Der Pragmatiker fischt mit Fröschen, er fischt mit lebenden Köderfischen, weil der gute alte Hecht immer noch am besten mit einer halbpfündigen Plötze zu überlisten ist. Er fischt mit Dosenwurst und mit dem guten alten Regenwurm, weil sich von dem immer noch die meisten Fischarten betören lassen.

Zu Vorschriften und Schonzeiten hat der Pragmatiker ein geschmeidiges Verhältnis. Er ist grundsätzlich für mehr Deregulierung auch am Fischwasser. Für die Angelgeräteindustrie ist der Pragmatiker ein Problem, weil er der Glitzerwelt ihrer Produkte ein gesundes Misstrauen entgegenbringt. Boilies mit Muschel- oder Bananengeschmack zum Beispiel braucht der Pragmatiker nicht, denn es gibt schließlich das vergleichsweise preisgünstige Frolic, Trockenhundefutter, das in harten roten Ringen angeboten wird und sich vorzüglich eignet, an der sogenannten Haarmontage mit einem Stück ordinärem Bindfaden an den Haken gebunden zu werden. Frolic hält ewig, löst sich kaum auf, wird von den Karpfen genauso gerne wie die exotischsten Boilies genommen, und entgegen anderslautenden Behauptungen fangen die Karpfen auch nicht zu bellen an, wenn man sie über Jahre hinweg mit Frolic füttert.

Der Pragmatiker ist grundsätzlich ein Gesinnungsschwabe, das heißt, er sieht es gar nicht ein, eine teure Industrie zu unterstützen, die von unseren unerfüllten Träumen und der Verheißung lebt, dass es mit diesem oder jenem Köder auch todsicher klappt.

Dem Pragmatiker steht so gesehen der Materialfetischist gegenüber. Der Materialfetischist geht mit einer Ausrüstung ans Wasser, von einem Wert, für den sich andere Menschen einen neuen Kleinwagen zulegen. Der Materialfetischist tritt meist als Karpfenangler auf. Keine andere Disziplin ist so materialaufwendig wie das Fischen auf dieses Süßwasserschwein. Futtermengen, die sich nur in Zentnern, nicht in Kilogramm bemessen lassen, versenkt der Karpfenangler jedes Jahr in seinen Gewässern. Der Materialfetischist scheut dabei keine Kosten. Wenn sich herumsprechen würde, was bisher nur wenige wissen, dass untergemengtes Blattgold im Anfütterungsmaterial die Fangchancen erhöht, dann würden die Karpfenspezis auch Blattgold in ihre Futterpampe einkneten.

Die Ruten, zwei bis drei gleicher Bauart, ruhen beim Materialfetischisten in einem Rutenhalter, der aussieht wie ein Hightech-Skiträger fürs Auto. Die Bissanzeiger, die in den leicht gespannten Schnüren baumeln wie Christbaumkugeln, kosten je einen dreistelligen Eurobetrag. Der ferngesteuerte Katamaran, mit dem Futter wie Köder weit auf den See hinausgefahren werden, darf ebenso wenig fehlen wie das Schlauchboot, in das sich der Materialfetischist nach dem Biss begibt, um auf dem offenen See seinen Kampf mit dem Karpfen auszukosten.

Warnung! Was nun folgt, ist nicht korrekt, ist nicht in Ordnung. Ich werde ein schlechtes Vorbild sein, ich werde kriminelle Machenschaften rühmen. Denn der König unter den Fischern ist in meinen Augen der Schwarzfischer.

Es ist lange her, dass ich das letzte Mal den Mut aufgebracht habe, in dieser Königsdisziplin anzutreten. Es war in Freiburg. Auf dem Weg hinauf auf den Schauinsland, kurz hinter dem ehemaligen Sitz des ehemaligen Südwestfunks, hatte ich an einem Waldweg einen kleinen Weiher entdeckt, in dem Karpfen gemütlich gründelten. Keine Riesen, aber ganz ordentliche Kerle.

Soll ich, soll ich nicht? Es dauerte noch einige Tage, bis ich als erwachsener Mann von 28 Jahren mit einer Schnur in der Tasche, einem Haken und einer Dose Mais an den Weiher aufbrach, dort angekommen ein paar Maiskörner auf den Haken zog und die Schnur nahe des Einlaufs einwarf. Die Ersatzspule einer Rolle, auf der die Schnur aufgerollt war, ließ ich in der Jackentasche verschwinden.

Man mag kaum glauben, was das für ein Kick ist, wenn beim Schwarzfischen ein Fisch beißt, ich war wie elektrisiert, als die Schnur, die in ein paar Spiralen auf der Wasseroberfläche lag, plötzlich zu laufen begann. Ich schlug an und bereitete mich darauf vor, einem halbwüchsigen Karpfen ohne die Federkraft einer Rute Paroli zu bieten. Was dann am anderern Ende zerrte, erwies sich als mittelgroßes Rotauge, also wirklich nichts Aufregendes, aber mein Herz klopfte so stark, dass ich Angst bekam, dieses Hämmern müsste bis nach Horben zu hören sein.

Ich habe das dann aber doch nicht mehr gemacht, das Schwarzfischen. Es gehört sich irgendwie nicht für erwachsene Männer, leider. So was dürfen nur kleine Jungs. Schwarzfischen schmeckt nach Kindheit und Jugend. Erwachsene Männer dürfen nicht mehr schwarzfischen und keine Mofas mehr frisieren und nicht mehr Flaschendrehen spielen. Wir haben uns das Schwarzfischen abgewöhnt. Aber mein ganzer Respekt gilt denen, die es bis heute betreiben.

# Am anderen Ende der Schnur – Typologie des Fisches

Es gibt Fische, die vergisst man nicht. Im Grunde sind es fast alle, aber manche vergisst man noch weniger als andere.

Wir waren zum Hochseeangeln in Norwegen, auf der Insel Hitra, und auf etwa 70 bis 80 Metern Tiefe bekam ich energischen Widerstand zu spüren. Es war ein Gefühl, als hätte ich mit dem Pilker ein kleines Unterseeboot gehakt. Mit unbändiger und gleichförmiger Kraft zog der Fisch wie keiner zuvor, immer wieder in Richtung Tiefe, und die 10, 20 Meter Schnur, die ich ihm gerade abgetrotzt hatte, zog er spielend wieder von der großen Stationärrolle. Die anderen Männer im Boot staunten mit mir, so ein Fisch war uns noch nicht untergekommen in den vergangenen Tagen. Das musste ein Heilbutt sein, oder ein großer Dornhai, die auch vorkommen in diesen Gewässern. Oder ein Tiefseetaucher.

Endlich tauchte im kristallklaren Wasser und in etwa 15 bis 20 Metern Tiefe ein heller Schemen auf, die Umrisse eines Fisches, der sich sehr schnell als mittelgroßer Dorsch erwies. Auf etwa zehn bis 15 Pfund schätzten wir ihn aufgrund seiner Umrisse, da hatten wir schon erheblich schwerere über die Bordwand gehievt. Erst einige Meter weiter oben, der Fisch mit den übernatürlichen Kräften zog das letzte Mal Richtung Tiefe, fiel uns auf, woher er seine außerordentliche Energie bezog. Der Pilker hing ihm nicht im Maul, sondern hatte eine Schnurschlaufe um seine Schwanzwurzel gelegt, die sich wie ein Lasso zugezogen und bis oben gehalten hatte. Der Dorsch konnte also ohne jede Behinderung Gas geben und die Kraft direkt auf die Schnur übertragen.

Deshalb hatte ich ihn nicht erkannt. Normalerweise erkennt ein Angler einen Fisch relativ schnell an dessen Charakter. Der Dorsch zum Beispiel ist an der

Angel ein mürrischer Geselle. Unwillig ruckt er und »klopft«, wie wir sagen. Die harte Pilkrute biegt sich in rhythmischen Intervallen, sie »nickt«. Dieses mürrische Klopfen lässt nach einiger Zeit nach, weil so ein Dorsch zwar ein massiges Tier, aber nicht eben ein ausdauernder Jäger ist. Außerdem macht ihm nach einiger Zeit der Druckunterschied so zu schaffen, dass er im Mittelwasser wie ein nasser Sack an der Leine hängt, bevor ihn das Sonnenlicht im Oberflächenwasser zu neuem, meistens letztem Leben erweckt.

Dagegen ein großer Köhler, allgemein eher als Seelachs bekannt! Ein Köhler von der Größe eines ordentlichen Dorsches veranstaltet einen Dauertanz, dass einem blümerant werden kann und sich der Angler fragt, wie er diesen Widerborst je an Bord kriegen soll. Der Köhler lebt wie der ebenso energiegeladene Pollack im Mittelwasser und nicht am Grund wie der Dorsch. Er jagt ausdauernder und hat in der Regel nicht mit dem Druckunterschied zu kämpfen, der den Dorsch bald besinnungslos macht.

Der Hecht ist ein ziemlicher Angeber, eine Art Gepard unter den Raubfischen. Ein Mordsantritt, aber dann schnell schlapp. Pfeilschnell schießt er wie ein grüner Torpedo auf die Beute zu, oder eben auf den Köder. Gehakt wütet er für ein zwei Attacken wie ein Berserker, springt im spektakulären Fall ein-, zweimal aus dem Wasser oder hält den Kopf über

Wasser und schüttelt ihn wütend, ein im Übrigen gefährlicher Moment, den wir Angler mit Faszination und Schrecken beobachten, weil es dem Fisch oft genug gelingt, das lästige Ding im Mundwinkel abzuschütteln. Dann aber folgt der Hecht fast wie ein Hündchen dem Zug an der Leine, bis ihm der Anblick des Keschers neue Kräfte verleiht.

Voller Heimtücke erlebt man den Aal. Erst ist beinahe kein Widerstand zu spüren, weil der schlangengleiche Fisch kaum Wasserwiderstand erzeugt und sich nur schlängelnd gegen den Zug wehren kann. Wehe aber, er vermag es, sich mit seinem Schwanz um einen Ast oder sonst ein Hindernis zu wickeln. Im Grunde kann man dann alle weiteren Versuche, ihn herauszubekommen einstellen. Er wird nicht mehr loslassen, es ist einerlei, ob man darauf wartet, bis die Sehne unter dem permanenten Zug reißt oder man sie gleich mit dem Messer durchtrennt und sich von seinem Fisch verabschiedet.

Leicht unterschätzt hat man den Karpfen als solchen. So ein Karpfen ist ein Bonvivant, der nie ohne Not auch nur eine Bewegung zu viel macht. Ein Genießer des Lebens und ein Freund des gepflegten und gehaltvollen Mahls und einer anschließenden Mittagsruhe. Es macht regelrecht neidisch, wenn man eine Schule dieser Tiere in der Sommersonne kurz unter der Wasseroberfläche stehen sieht, die Rückenflosse wie ein kleines Segel außerhalb des

Wassers aufgespannt. So sonnen sie sich in aufreizender Gemütlichkeit. Auch beim Fressen verfällt der Karpfen nicht in Hektik. Genüsslich schlürft er mit lautem Schmatzen Brotflocken von der Oberfläche oder saugt wie ein Staubsauger die Maiskörner vom Seegrund in seinen Schlund.

Ohne ihm Unrecht zu tun, darf der Karpfen der »Big Lebowski« des Tümpels genannt werden. Genau wie der »Dude« im gleichnamigen Hollywood-Film ernährt sich der Karpfen zu fett und vor allem kohlenhydratreich, Montignac würde sich mit Grausen abwenden. Von Trennkost keine Spur. Er ist untrainiert, hasst hastige Bewegungen – bis zu jenem Moment, in dem er sie braucht.

Hat er nämlich genau ein Maiskorn zu viel eingeschlürft oder eine dieser Protein-Bomben, mit denen der Hightech-Carp-Angler zu Werke geht, dann entfaltet der Karpfen eine schiere Kraft, deren Zielstrebigkeit bewundernswert ist. Ich bin schon einmal bis zum Hals ins Wasser gestiefelt, hinter einem Karpfen her, der sich in eine überhängende Weide flüchten wollte, und der sich nach mehreren vereitelten Fluchtversuchen an der Waage als Tier von satten 27 Pfund herausstellte.

Dabei kommt dem Karpfen neben seiner Kraft, die sein vermeintlich wabbeliger Körper mobilisiert, seine Wasserverdrängung zugute. Das massige, meist hochrückige und breite Tier muss sich nur quer zur zerrenden Schnur stellen, und schon haben wir ein echtes Problem.

Entscheidend aber ist sein Charakter. Der Karpfen kommt bekanntlich aus dem alten China, und der Chinese ist ein Stoiker. Stoisch verhält sich also auch der Karpfen am Haken. Er zieht und zieht und zieht. Er lässt kaum nach und gibt nicht auf.

Sein überaus unsympathischer, um nicht zu sagen ekliger Artgenosse, der Brassen, kann da gar nicht mithalten. So ein Brassen ist ein echter Schlappschwanz. Groß und flächig wie ein Klosettdeckel brächte er die körperlichen Voraussetzungen mit, seinem Verwandten aus der Art der Cypriniden alle Ehre zu machen. Aber er lässt sich im wahrsten Sinne des Wortes hängen. Er ist eben kein Chinese, sondern ein Europäer, ein Jammerlappen. Eine schleimige Haut, von der sich beim Anfassen klumpige Batzen lösen, macht ihn obendrein widerwärtig. Und stinken tut er auch.

Dagegen wollen wir hier das Rotauge loben und seine hübsche Schwester, die Rotfeder, gleich mit. Diese Weißfische sind keine Riesen, als pfundschwerer Fisch aber ein interessanter Widerpart. Die Rotfeder und das Rotauge bleiben zielstrebig auf Gegenkurs, und wenn sie so groß wären wie ihr chinesischer Verwandter, dann könnten sie spielend mit den Karpfen mithalten.

Insgesamt muss man ohnehin festhalten, dass die Großmäuler, die Raubfische, eher enttäuschen und die Vegetarier mehr Kondition aufweisen. Wahrscheinlich liegt das an der gesünderen Ernährung. Aber jetzt ehrlich: ein Zander – ist ein Zander ein großer Kämpfer? Oder hat er nicht ganz schnell Schlagseite und zeigt seinen hellen Bauch?

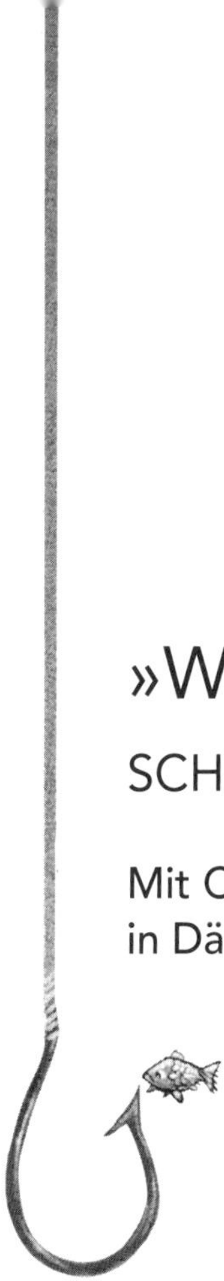

# »Was willst’n da schreiben?«

## Mit Christoph Scheuring in Dänemark

Manchmal fragt man sich: Muss das sein? Es ist halb fünf Uhr morgens, der Wecker piept hässlich digital vor sich hin, der Magen rebelliert gegen diese frühe Störung, Sodbrennen, Müdigkeit, Benommenheit und Verwirrung: Wie, was, wieso? Ach so, ja, Scheuring, Dänemark, die Meerforellen.

Beim schwarzen Kaffee frage ich mich ernsthaft, was das soll. 470 Autobahnkilometer, einfach, drei Umleitungen und Christoph Scheuring warten auf mich, Letzterer kurz hinter Flensburg an der dänischen Grenze. Dann vier bis fünf Stunden in der drei Grad kalten Ostsee stehen, etwa 260-mal mit aller Kraft den Blinker in die See schleudern, um am Ende mit einiger Sicherheit keinen einzigen Fisch gefangen zu haben und die 470 Kilometer von Sonderburg wieder nach Berlin zurückzufahren.

Es ist ein Dienstag Mitte Februar, die Amseln flöten, als ich das Haus verlasse. Die frische Luft tut gut. Das ist schon wieder so ein Moment, für den sich das ganze Unterfangen rentiert. Die kühle Morgenluft, die Amseln, die Aussicht auf den Tag.

Im Grunde hatte dieser Tagesausflug nach Dänemark schon vor mehr als elf Jahren begonnen. Damals war mir eine Geschichte im *ZEITmagazin* untergekommen, die mich nie mehr losgelassen hat. Sie handelt von einem Angelausflug nach Irland, die ein sehr verehrungswürdiger Kollege geschrieben hatte, und zwar mit einem bis dahin ungelesenen Gespür für das Thema, den Ton, die Sache. Christoph Scheuring eben. Die Geschichte erzählt davon, praktisch vorsätzlich keinen Lachs zu fangen, dafür ein Schweinegeld auszugeben und dabei glücklich zu sein. Keine Lachse fangen in Irland, diese Geschichte von Scheuring war für mich über all die Jahre das Maß der Dinge geblieben.

Ich hatte Scheuring, den ich gar nicht kannte, in der darauffolgenden Zeit publizistisch aus den Augen verloren, nachdem er nach Stationen bei *Stern* und *Spiegel* für einige Zeit als besonderer Reporter bei der *Bild*-Zeitung gearbeitet hatte. Ich kannte ihn wie gesagt nicht, aber als zweifacher Kisch-Preisträger für die *Bild* zu arbeiten, dazu gehört schon was, das imponierte mir, weil es unkonventionell war.

Ich wusste also, dieser Mann musste etwas Besonderes sein. Er konnte schreiben, und er konnte angeln. Er war mein Vorbild, ohne dass er das wissen konnte. In den folgenden Jahren fiel mir einmal eine Kolumne im *Blinker* über altes Angelgerät auf, Kleinode, Liebhaberstücke, die ein Autor namens Christoph Scheuring so empfindsam beschrieb, dass ich mir einigermaßen sicher war, dass es sich um den Scheuring handeln musste. Später bereitete ich mich auf einen Urlaub in Slowenien vor und kaufte dazu ein *Merian*-Heft, in dem ein gewisser Christoph Scheuring über die Marmorata, einen anbetungswürdigen endemischen Salmoniden der Soca schrieb.

Ich dachte mir: Der Scheuring, der hat's geschafft, der schreibt nur noch über Sachen, die ihn wirklich interessieren, die ihm wirklich was bedeuten. Die Marmorata, eine alte DAM-Rolle, den Lachs. Ich aber schrieb weiter über Rudolf Scharping, Guido Westerwelle und Renate Künast.

Ich hatte irgendetwas falsch gemacht und Christoph Scheuring alles richtig.

Irgendwann nahm ich meinen Mut zusammen und rief ihn an. Ob er sich einen gemeinsamen Angelausflug vorstellen könne. Er wähle den Zielfisch und den Ort. Scheuring war aufgeschlossen, schlug ein gemeinsames Meerforellenfischen in Dänemark vor.

Das fand ich eine sehr gute Idee, denn die Meerforelle ist die kleine Schwester des Lachses und ähnlich aussichtslos zu beangeln. Man sagt, auf 1500 Würfe kommt eine Meerforelle.

Prächtig. Keine Meerforellen fangen, dafür an einem Tag fast tausend Kilometer Auto fahren und dazwischen in eiskaltem Ostseewasser stehen. Der Vorschlag gefiel mir sehr. Und doch verging noch einige Zeit bis zu diesem Dienstag Mitte Februar. Mal konnte er nicht, mal konnte ich nicht.

Schließlich aber rolle ich an diesem Dienstag, Mitte Februar, langsam auf den Parkplatz nach der Grenze. Das Erste, was man von Dänemark sieht, sind zwei Sexshops, einer auf der rechten, einer auf der linken Straßenseite, der Däne lebt immer noch vom Ruf der Skandinavier aus den Siebzigern. Dann mache ich den besagten dunkelroten 124er Mercedes von Scheuring aus und am Eingang der Touristeninformation einen Mann am Handy, der mit einer Hand winkt.

Wir stellen uns vor, holen die Angelkarten und laden die Sachen in seinen Diesel. Ein paar peinliche Momente habe ich zu überstehen. »Da nimmst du mal besser die«, sagt er nach einem Blick auf meine Rute, die den stolzen Namen Bullfighter trägt, und die mir als geeignete Meerforellenrute verkauft worden war. Er drückt mir eine Rute von sich in die Hand, die fast nichts wiegt, geschmeidig im Spitzenteil ist, einen kräftigen Rücken hat und doch nicht zu hart ist. Meine Rolle immerhin hat vor dem kritischen Auge von Zeugwart Scheuring Bestand. Etwas kleinlaut muss ich einräumen, dass ich ein Messer vergessen, nichts zu essen besorgt habe und keine Ersatzwirbel in meiner kleinen grünen Utensilienkiste mehr zu finden sind.

Scheuring ist milde, und wir fahren los. Unterwegs lerne ich viel über die Meerforelle, wann sie wo und wie und warum am besten beißt, warum das etwas mit dem abschmelzenden Eis im Norden der Ostsee zu tun hat, mit dem Salzgehalt und der Dichte des Wassers und mit den Futterfischen.

Scheuring weiß sehr viel, und ich komme mir wieder vor wie der, der sein Messer vergessen hat und seine Brotzeit. »Im Grunde«, sagt Scheuring, »wissen wir gar nichts.« Das hört sich fast philosophisch an. Ich weiß, dass ich nichts weiß. Und ich bin wieder etwas beruhigter.

Der ehrwürdige, greise Benz holpert die letzten Meter über einen Feldweg und bleibt auf einer kleinen Lichtung stehen.

Wir sind da, sagt Scheuring. Beide ziehen wir uns nach dem Zwiebelprinzip an und stülpen darüber die Wathose aus Neopren, in der jeder noch so wohlgewachsene Mann aussieht wie ein Michelin-Männchen, und ganz so wohlgewachsen sind wir beide nicht mehr, mit den entsprechenden Folgen.

Mein Guide gibt mir aus seiner Sammlung ein paar Blinker, nachdem er meine fachmännisch zu chinesischer Billigware erklärt hat. Ich befestige meine Rolle an Scheurings feiner Rute und bereite die Montage vor. Ich habe eine feine gelbe, geflochtene Schnur auf der Rolle. Bei einer geflochtenen Schnur, die sich überhaupt nicht dehnt, knüpfen Könner immer noch zwei Meter monofile, dehnbare Schnur zwischen Hauptschnur und Blinker, also auch Scheuring, die sehe man nicht so wie die gelbe, geflochtene, sagt Scheuring, außerdem dehne sie sich und pariere so auch Fluchten.

Wir gehen gemeinsam an der Kante einer Kuhwiese entlang, ganz Dänemark besteht vor allem aus Kuhwiesen. Zu unserer Rechten das Meer und eine Hecke aus blätterlosen Hagebutten und Sanddorn, die der Westwind streng nach rechts gekämmt hat. Heute allerdings ist es beinahe windstill, das Meer liegt fast ölig da. Kein gutes Zeichen, wie Scheuring sagt, bei solchem Wetter müssen auch die Räuber befürchten, bei einer Attacke auf einen Futterfisch an der Oberfläche Opfer einer starken Möwe zu werden.

Mir stößt das Bulettenbrötchen auf, das ich an einer Autobahnraststätte zu einem Kaffee heruntergeschlungen hatte. Ich wollte mich nicht verspäten. Der Preis für die Pünktlichkeit ist ein anhaltendes

Sodbrennen, das erst gegen Nachmittag nachlassen wird.

Wir erreichen das Ende der Landzunge und waten mit unseren Gummihosen ins Wasser, bis es uns bis zur Hüfte steht. Nach höchstens zehn Minuten nestelt Scheuring das erste Mal an seinem Köder herum und tauscht den Blinker aus. Ich glaube fest an meinen Hansen Flash, 20 Gramm schwer, rot-schwarz gestreift, ein Klassiker, wie ich mir habe sagen lassen.

Eine halbe Stunde vergeht. Die Sache läuft ganz nach Plan. Es passiert nichts.

»Was willst'n da schreiben in dei'm Buch?«, fragt Scheuring.

Ich erkläre meine Angeltheorie, rede vom Verlust im Drill, von der Verbindung zum Fisch, von der Verlustangst als solcher.

Scheuring hört sich das an und denkt nach. Dann sagt er: »Nein. Das glaube ich nicht.«

Na toll, denke ich.

Es habe damit zu tun, sagt er und deutet auf die dunkle Wasseroberfläche, dass wir nicht wissen, was sich da unten abspielt. Wir bildeten es uns zwar ein, aber in Wahrheit wüssten wir nichts, gar nichts.

Angeln, sagt Scheuring, »ist eine Gleichung mit 30 Unbekannten«. Und nur wenn man alle Unbekannten durch Zufall richtig treffe, fange man einen Fisch. Es reichen keine 27 und keine 28 und keine 29. Alle 30 müssen stimmen.

Heute scheinen wir an die 30 bei weitem nicht

ranzureichen. Weiter tut sich nichts. Manchmal bleibt man mit dem Blinker im Kraut hängen, dann gibt der Widerstand kurz die schöne Illusion eines Fisches, mehrmals kurbeln wir danach auch schwerer, weil sich ein Stein an einer langen Krautfahne am Haken verfangen hat.

Wir haben uns allmählich bis an die nächste Spitze vorangearbeitet und eine Ecke erreicht, an der ein Meeresarm ins Festland hineinreicht. Ich frage Scheuring, ob er eigentlich auch gerne hochseeangeln geht, also mit dem Boot raus aufs offene Meer.

»Ja«, sagt er, »manchmal finde ich es ja auch ganz schön, beim Angeln Fische zu fangen.« Der Mann gefällt mir immer besser.

Inzwischen ist Scheuring sein eigener Herr, unterhält mit einem Fotografen zusammen eine Agentur und arbeitet zum Beispiel für den Edel-Uhren-Hersteller Lange. Ein Jahrbuch im Jahr, auf feinstem Papier, in feinstem Druck, mit feinsten Texten – Hochglanzjournalismus im Dienste eines der vornehmsten Uhrenhersteller in Deutschland, wenn nicht der Welt.

Scheuring lebt unaufwendig und nimmt sich im Übrigen viel Zeit, zum Fischen zu gehen, zu Hause auf Zander oder in Dänemark auf Meerforellen. Der Mann setzt seine Prioritäten völlig richtig, denke ich, während ich mechanisch das eine ums andere Mal auswerfe.

Das sei von den Bedingungen her eine ideale Stelle, sagt Scheuring. Es geht eine starke Strömung, was die Fische eigentlich lieben. Aber er sagt auch: »Hier habe ich noch nie einen Fisch gefangen, keine Meerforelle und auch keinen Dorsch, nichts.«

Das hört sich gut an. Das Wasser fällt ungleich steiler ab hier. Man kann nur ein paar Meter hineinlaufen, dann ist Schluss, sonst läuft die Hose voll. Ich schleudere den Hansen Flash so weit ich kann und hole wieder ein, einmal, zweimal, dreimal, viermal, da plötzlich wenige Meter vor meinen Füßen: Widerstand, lebendiger, zappelnder Widerstand. Ein Fisch. Es ist ein Fisch.

Jetzt ist das gefragt, was sich in der Politik Erwartungsmanagement nennt. Nein, das kann keine Meerforelle sein, ein Dorsch, sagt Scheuring, der sich mit dem Kescher bereitmacht für die Landung. Ein Dorsch wäre nicht so toll wie eine Meerforelle, also jedenfalls nicht beim Meerforellenangeln.

Ein grünlicher Fischkörper taucht auf, und ich glaube wirklich an einen Dorsch. Einige Sekunden später schlägt eine Meerforelle im Kescher mit ihrem Schwanz ins Leere.

Nicht zu fassen. Ich habe eine Meerforelle gefangen. Als Anfänger. An einer Stelle, an der man gar keine Meerforelle fangen konnte. Bis eben ich kam.

Es ist schön zu sehen, wie auch Scheuring, der Erfahrene, in Wallung gerät, und das alles wegen eines Fisches, der gerade mal das Schonmaß hat.

Die Meerforelle ist ziemlich mager und hat einige Narben am Rücken und an der Seite. Sie könnten von einem Netz stammen, in das sie früher einmal geraten ist. Für mich aber ist sie die schönste Meerforelle der Welt. Rank und schlank, und genau so, wie ich mir eine Meerforelle gewünscht habe, aber nie zu träumen gewagt hätte, dass ich sie fange.

Auf dem Rückweg halten wir an einer fiesen Frittenbude. Scheuring lädt mich auf eine Runde Pölser ein. Es ist die ekligste Wurst, die ich in meinem Leben je gegessen habe. Sie schmeckt wunderbar. Auch noch, als sie mir nach fünfeinhalb Stunden Autofahrt zu Hause in Berlin immer noch aufstößt.

Als ich zu Hause in Berlin ankomme, ist es kurz vor Mitternacht. Ulrike findet die Meerforelle ganz schön klein, jedenfalls wenn man bedenke, dass es sich um so eine Art Lachs handle.

Gelernt hat sie also schon was.

# DIE SCHIKANEN

Das mit der Meerforelle war ein Versehen, ein Ausrutscher. Ansonsten tun wir eine ganze Menge, um erfolgreich keine Fische zu fangen. Ich hatte die Geschichte erzählt vom Bergsee in der Steiermark, in dem mein Vater mit einer Strippe, einem Haken und ein paar mit bloßen Händen gewühlten

Würmern drei stattliche Saiblinge gefangen hatte, der vornehme Herr in seinem moosgrünen Wams und seiner eleganten Fliegenrute aber ohne jeden Biss blieb.

Dazu muss man wissen, dass es für Forellen und Saiblinge in ursprünglichen Gewässern kaum einen besseren Köder gibt als einen Regenwurm. So ein fetter Regenwurm, davon träumt der Saibling ein Leben lang, und nur einmal in drei Jahren spült es wirklich einen Wurm an ihm vorbei.

Genau deshalb ist es in edlen Gewässern verboten, mit Wurm auf Forellen zu fischen. Blöd eigentlich.

Der Hecht wiederum mag nichts so sehr wie einen schönen lebenden Köderfisch an einer dicken Pose angeboten, der so leise vor sich hin schwimmt und durch die Pose in seiner Bewegungsfreiheit eingeschränkt ist, dem Raubfisch also ins Auge sticht, weil er verhaltensauffällig ist.

Genau deshalb ist es verboten, auf Hechte mit lebenden Köderfischen zu angeln. Man könnte ja welche fangen bei der Gelegenheit.

In guten und edlen Gewässern darf man also den Forellen nur mit Kunstfliegen nachstellen und den Hechten nur mit Plastik- oder Metallködern, die man, echten Fischen ähnlich, durchs Wasser zieht. Das schränkt zwar die Fangaussichten ein, ist aber »sportlicher«. Sportlich also ist, möglichst keine Fische zu fangen, oder wenn, dann nur allen Widrigkeiten zum Trotz.

Diese selbst auferlegte Behinderung beim Fischfang wird manchmal noch dadurch verschärft, dass man gar keinen Haken verwenden darf, also jedenfalls keinen, der diesen Namen verdient. Der Angelhaken wurde erst zu einem großen Knüller, als die Menschen darauf kamen, dass er sich nicht nur ins Maul des Fisches bohren, sondern dort auch stecken bleiben muss. Erst der Widerhaken also machte aus einem gebogenen und angespitzten Stück Knochen oder Holz einen Angelhaken.

Und genau dieser Widerhaken ist in besonders feinen Gewässern verboten. Das ist, als würde man 400-Meter-Läufern vorschreiben, in Skistiefeln zu rennen, weil sie sonst zu schnell im Ziel sind.

Angeln an sich ist schon schwer genug und die Laune der Fische unergründlich. Aber wir machen uns das Leben extra immer noch ein bisschen schwerer, als es ohnehin schon ist.

Das Sinnbild dieses schweren Lebens ist das Tüddel. Ich weiß gar nicht, ob man das offiziell so nennt, ich nenne es jedenfalls so. Ein Tüddel ist der perfekte Schnurzopf, die ultimative Verzopfung, ein Nest aus Nylon, das sich gebildet hat, weil wir nicht aufgepasst haben, etwa bei der Multirolle, weil, ach, was weiß ich schon, weshalb sich diese Schnur so gerne zu unfassbaren Knäulen aus Schlaufe und Schlingen verformt. Es ist die Strafe für all unser schlechtes Tun.

Ich bin von Natur aus, muss ich gestehen, ein ungemein ungeduldiger Mensch. Deshalb hasse ich es zum Beispiel, zur Post zu gehen oder zum guten Metzger in Lichterfelde-West. Wenn ich eine lange Schlange von Menschen sehe, habe ich schon genug und mache auf dem Absatz kehrt.

Ein Tüddel müsste also eigentlich der Horror für mich sein. Geduldig Schlaufe für Schlaufe nachvollziehen, wie sich dieses Knäuel gebildet hat und wie man es folglich wieder entwirrt, immer darauf achtend, dass man die Schlaufen nicht aus Versehen endgültig fest zuzieht und dann nur noch zum Messer greifen kann.

Ich mache das mit einer Inbrunst, die meine Frau stets in Verwunderung versetzt. Im Angesicht des Tüddels wird aus dem ungeduldig aufbrausenden Mann ein Feinwerker, der mit aller Zeit und Ruhe der Welt diese Schlaufen und Schlingen wieder in ein brauchbares Stück Schnur verwandelt.

Die Schikanen des Angelns empfinde ich im Vergleich zu den Schikanen des übrigen Lebens als meditative Herausforderung. Wenn ich wieder einmal zu nah an die überhängende Weide geworfen habe, weil nun mal darunter die Karpfen dösen, und ich also im Baum hänge. Was soll's. Schnur abreißen, fertig. Wenn ich auf dem Hochseekutter mit zwei anderen Anglern aus unseren drei Schnüren einen wunderschönen Zopf geflochten habe. Egal. Entflechten, oder abschneiden und weiterangeln. Wenn ich mir den Haken eines Drillings bis hinter den Widerhaken in die Fingerkuppe gerammt habe und man ihn nur noch vollends durchstechen und hinter dem wieder erschienenen Widerhaken mit der Zange abknipsen kann. So what? Das alles ist widrig bis überaus schmerzhaft. Aber es wird mich nie davon abhalten, weiter das zu tun, was alle anderen Menschen für komplett bescheuert halten.

Wer hat zum Beispiel schon einmal für eine Viertelstunde einen Eisvogel dabei beobachten können, der von einem Ast am Ufer aus seine Tauchgänge machte, wieder und wieder und wieder, der dabei nicht gemerkt hat, dass er beobachtet wird, eine blauschillernde Schönheit bei der Arbeit, und das mitten in Berlin am Halensee.

Ich. Ich habe das gesehen. Und ich werde es nie vergessen. Tüddel hin, Tüddel her.

# Der Fisch in uns

Im Leben eines jungen Mannes gibt es Momente, in denen wird er sich seiner schöpferischen Bestimmung bewusst. Wenn er seinen Körper erkundet und sich selbst anfasst. Bei mir war das etwa mit vierzehn der Fall. Ich konnte mir zunächst keinen rechten Reim auf diese auffällige, plötzliche Verhärtung machen.

Es hatte alles mit einem kleinen Knoten hinter dem rechten Ohr angefangen, direkt dort, wo das Ohrläppchen am Kopf angewachsen ist. Er schwoll manchmal an, tat dann so weh, dass ich nachts im Bett aufschreckte vor Schmerz, wenn ich mich von der linken Seite auf die rechte wälzte. Der Knubbel kam und ging, aber er erwies sich als so hartnäckig, dass ich eines Tages ins Ulmer Bundeswehrkrankenhaus ging, um der Sache auf den Grund zu kommen. Der Stabsarzt tastete das Ohr ab, drückte, fühlte und fummelte und machte sich Notizen. Ja, ja, die Kiemenbögen, sagte der Stabsarzt militärisch kurz und verfügte eine Operation.

Kiemenbögen?

Das hörte sich interessant an.

Vergröbert gesagt, spielen wir in unserer Entwicklung vom Zellklumpen zum Neugeborenen die Evolution nach. Und Evolution heißt auch: den Schritt vom Wassertier zum Landtier, den Schritt vom Kiemenatmer zum Lungenatmer. So gesehen sind wir alle Frösche, die aus Kaulquappen hervorgegangen sind. Und letztlich sind wir zu Lande wandelnde Fische.

Was das mit dem Knubbel hinter dem Ohr zu tun hat? Dieser Knubbel ist das Ergebnis eines nicht ganz zurückgebildeten Kiemenbogens. Ein Atavismus, wie die Biologen sagen. Dieser Kiemenbogen, weil nicht komplett verschwunden, ist in den Halsbereich verlegt und mit einer hauchdünnen Hautschicht überzogen, und wie jedes Stück Haut sondert auch diese Haut Talg ab, kann ihn aber nicht an die Oberfläche befördern, weil der Ausgang fehlt. Also sammelt sich der Talg, kapselt sich ab und entzündet sich eitrig von Zeit zu Zeit. Eine sehr unappetitliche Geschichte, wie ich bei der OP unter lokaler Betäubung miterleben durfte.

Genaueres erfuhr ich erst Jahre später, und wahrscheinlich hätten die Menschheit und ich nie davon erfahren, wenn der amerikanische Paläontologe Neil Shubin in den Jahren der Jahrtausendwende nicht mehrmals auf die Ellesmere-Insel in der kanadischen Arktis gereist wäre, 1500 Kilometer nördlich des Polarkreises. Diese Stelle hatte er ausgesucht, weil sie die Bedingungen erfüllte, die die Voraussetzung für den Fund boten, auf den sie aus waren. Shubin und und sein Kollege Ted Daeschler suchten das Tier, das halb Fisch, halb Reptil dem Wasser entstiegen war und sich an Land aufgemacht hat.

Etwa 375 Millionen Jahre zurück wird von der Wissenschaft dieser Schritt datiert, also ins späte Devon, und der Ort der Suche musste ein bestimmtes Sedimentgestein aufweisen, in dem sich Fossilien bilden können – eben die Ellesmere-Insel.

Im Jahr 2000 stießen sie auf eine verheißungsvolle Stelle, im Juli 2004 schließlich legten sie Tiktaalik zunächst als groben Brocken frei. Sie packten ihn ein und flogen ihn nach Hause, und was sie dort in ihrem Labor mit Zahnarztbohrern und kleinen Pickelchen freilegten, war eine Sensation, die mit dem Archäopteryx mithalten konnte. Dieser Urvogel steht für die Eroberung der Lüfte durch die Landbewohner. Was sie gefunden hatten, war die Vorstufe, der Schritt davor, es war, wie Shubin schreibt, »ein wunderschönes Mittelding zwischen einem Fisch und einem Landbewohner«.

Tiktaalik hatte eine flache Schnauze wie ein Krokodil mit obenliegenden Augen, er hatte einen Hals und konnte den Kopf frei bewegen, zugleich war er über und über mit Schuppen bedeckt. Tiktaalik, »großer Süßwasserfisch«, wie ihn die einheimischen Inuit von Ellesmere ehrenhalber taufen durften, schaffte es im Frühjahr 2006 auf die Titelseite der *New York Times*.

Das Fossil von der Ellesmere-Insel fügte sich in die Menschheitsgeschichte wie zuvor »Lucy«, der fossile Affenmensch, der in Afrika gefunden wurde. »Wenn wir Lucy sehen, verstehen wir, dass wir hochentwickelte Primaten sind«, schreibt Shubin in seinem Buch »Der Fisch in uns«. »Sehen wir Tiktaalik, wird klar, dass auch Fische zu unserer Vergangenheit gehören.«

Was das mit meiner Eiterbeule hinter dem Ohr zu tun hat? Ebenjener Fisch in uns, für den Tiktaalik den wissenschaftlichen Beweis erbracht hat.

In der Entwicklung eines Embryos fallen nach etwa drei Wochen erst zwei, dann vier Verdickungen auf. Diese vier Verdickungen sind Rudimente von vier Kiemenbögen. Aus dem ersten Kiemenbogen entwickelt sich das Gewebe für unsere Ober- und Unterkiefer, Hammer und Amboss für das Innenohr sowie alle Muskeln und Blutgefäße zu deren Versorgung. Der zweite Bogen bildet das dritte Gehörknöchelchen aus, den Steigbügel, sowie einen kleinen Knochen im Rachen und die Muskeln, die unseren Gesichtsausdruck herstellen.

Der vierte Bogen schließlich entwickelt sich zu unserem Rachen, samt Kehlkopf und den Muskeln, die ihn steuern.

Die Eiterbeule hinter dem Ohr ist also ein Relikt des vierten Kiemenbogens. Jetzt wird auch klarer, was der Stabsarzt im Bundeswehrkrankenhaus in Ulm seinerzeit Sonderbares erklärt hatte. Er hatte gesagt, dass es vorkommt, dass sich diese Kiemenbögen nicht komplett zurückbilden beziehungsweise umfunktioniert werden.

Die vier Kiemenbögen sind nicht die einzigen Atavismen, die uns mit den Fischen verbinden, die sie uns zu einem Faszinosum werden lassen. Wir neiden den Vögeln das Fliegen, der Traum vom Fliegen ist ein Menschheitstraum. Und wir neiden den Fischen ihre Eleganz in einer stillen Welt der sanften Bewegungen. Die Legenden der Meerjungfrauen künden von der Sehnsucht des Menschen nach einem Leben im Wasser.

Jeder Hobby-Schnorchler in Griechenland kennt das Sehnsuchtsgefühl, mit dieser Welt eins zu werden, und sei es nur für einen Tauchstoß hinab auf vier, fünf Meter. Es gibt Apnoe-Taucher, die bis an die Grenzen der Möglichkeiten des menschlichen Körpers gehen und darüber hinaus. Sie sind bereit zu sterben für den Traum vom Dasein als Fisch.

Mit der Kaulquappe, die im Laufe ihres jungen Lebens die Evolution jedes Mal aufs Neue durchlebt, teilen wir übrigens neben den Kiemenbögen noch etwas anderes: den Schluckauf, oder jedenfalls den dahinterstehenden Reflex.

Auch der Schluckauf ist eine Erinnerung an unsere Herkunft. Unsere evolutionäre Vergangenheit holt uns ein, wenn er uns ereilt. Der Schluckauf ist ein Nervenimpuls, der innerhalb eines Wimpernschlags, in etwa 35 Millisekunden, mit der Glottis, einem Gewebelappen tief im Rachenraum, unsere Luftröhre verschließt. Der Impuls geht zurück auf den Fisch in uns, das Hick ist ein schöner Gruß von unserer Bekannten, der Kaulquappe. Unsere Atmung wird zentral gesteuert vom Hirnstamm, eine Region zwischen dem eigentlichen Gehirn und dem Rückenmark. Von diesem Hirnstamm auf Nackenhöhe bis zu Kiemen und Rachen sind es beim Fisch nur wenige Zentimeter, bei uns sind Leitungen von dort bis zum Zwerchfell verlegt, das den Schluckauf auslöst, indem es sich zusammenzieht. Die langen Leitungen belegen unsere Herkunft: Der Bauplan unseres Körpers wäre nicht so unnötig kompliziert, würde nicht so lange Wege wählen, wäre dieser Bauplan nicht eine abgewandelte Variante eines Fischorganismus.

Der Schluckauf selbst lässt sich in zwei Phasen aufteilen. Zunächst, wenn sich unser Zwerchfell zusammenzieht, atmen wir abrupt Luft ein, dann, in der zweiten Phase verschließt die Glottis mit einem Schlag die Luftröhre. Gesteuert wird das Ganze von einem sogenannten Mustergenerator, wie er sich identisch bei Amphibien, genauer bei Kaulquappen, findet.

Muss die Kaulquappe von Lungenatmung auf Kiemenatmung umschalten, wird also Mund und Rachenraum von Wasser umspült, wird die Luftröhre schlagartig von der Glottis verschlossen. Mit einer Art Schluckauf sind die Kaulquappen in der Lage, blitzartig über ihre Kiemen zu atmen, die sie auf dem Entwicklungsweg hin zu einem Frosch verlieren.

Ob das alles etwas mit der Anfälligkeit des Menschen für die Angelleidenschaft zu tun hat? Was weiß ich. Aber interessant ist es.

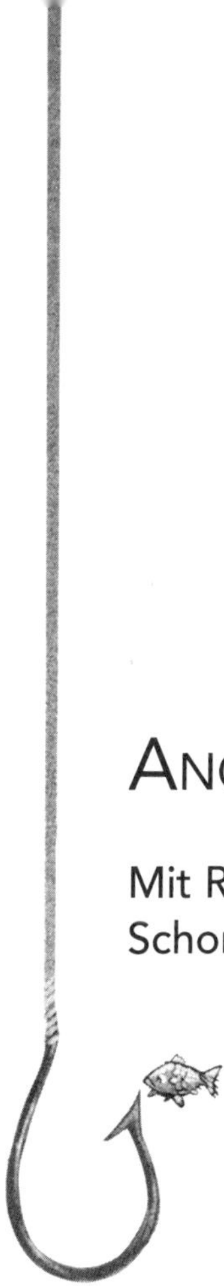

# Angeln als Professur

## Mit Robert Arlinghaus in der Schorfheide

Wer weiß, was passiert wäre, wenn ich auf der endlosen Zugfahrt von Freiburg zurück nach Berlin irgendwann hinter Mannheim nicht in letzter Verzweiflung das Bahnmagazin zur Hand genommen und darin geblättert hätte. Auf jeden Fall wäre ich dann nicht an diesem Novembermorgen um kurz nach halb acht auf der schnurgeraden Landstraße hinter Groß Schönebeck, die die Wälder der Schorfheide in Brandenburg durchschneidet, auf der Suche nach dem Stichweg links ab zum Kleinen Döllnsee gefahren.

Im Bahnmagazin stand etwas vom ersten und einzigen Angelprofessor in Deutschland, Robert Arlinghaus. Arlinghaus, ein junger Kerl mit wildem schwarzem Strubbelhaar um den Kopf, hat das grundlegende und leider noch viel zu wenig beachtete Standardwerk »Der unterschätzte Angler« verfasst und leitet am Müggelsee bei Berlin eine Arbeitsgruppe von zwölf Mitarbeitern für Angelfischereiforschung am Leibniz-Institut für Gewässerökologie und Binnenfischerei (IGB). Arlinghaus vertritt darüber hinaus sein Fach an der Humboldt-Universität im Fachgebiet Binnenfischerei-Management.

»Der unterschätzte Angler« handelt nicht etwa von den Fehleinschätzungen der restlichen Welt, was die intellektuellen Fähigkeiten von uns Anglern anbelangt, wenngleich auch das jeder Mühe wert wäre. »Der unterschätzte Angler« weist aus, welcher Faktor wir in diverser Hinsicht sind, wir dreieinhalb Millionen Angler allein in Deutschland.

Wir, die wir im Jahr knapp tausend Euro pro Kopf, inklusive der Reisen und Sonstigem sogar über 1500 Euro im Jahr ausgeben. Wir, die wir auf diese Weise 52 000 Arbeitsplätze sichern, mit den insgesamt 5,2 Milliarden Euro, die wir uns die Sache jedes Jahr kosten lassen. Es gibt Weltangelkongresse inzwischen, solche wie den World Recreational Fishing Congress in Berlin im Sommer 2011, organisiert von Arlinghaus (www.worldrecfish.org). Und was sind wir schon – wie immer –, gemessen an China: Da angeln 90 Millionen Menschen, also mehr als hierzulande leben.

In jedem anderen vernünftigen Land der Welt ist der Angler als Umwelt- und vor allem als Wirtschaftsfaktor längst in seiner Dimension erkannt. Nur über Arlinghaus lächeln sie ein wenig in Deutschland. Manche Fachkollegen versuchen ihn gar als Scharlatan abzustempeln, der seine Leidenschaft zur Wissenschaft gemacht hat, um ihr hauptamtlich und gegen Bezahlung nachzugehen. Die vielzähligen Publikationen zum Thema sprechen eine andere Sprache, wenn auch meist eine englische.

Und wenn schon. Der Mann hatte mein äußerstes Interesse geweckt.

Ich war ein halbes Jahr vor diesem Ausflug in die Schorfheide zu Arlinghaus an den Müggelsee gefahren und hatte mir unter anderem die Versuchsbecken mit den Karpfen und den implantierten Sendern angesehen, an denen Arlinghaus' Mitarbeiter Thomas Klefoth »Phänotypische Korrelate der Angelfangbarkeit« untersuchte, also auf Deutsch gesagt, wie sich Angeln auf das Verhalten der Fische auswirkt und welche Merkmale dazu führen, dass die Versuchstiere (hier Karpfen) nach einiger Zeit ihr Futter genauer daraufhin anschauen, ob da ein Haken rausschaut oder ein Stück Schnur.

Warum schauen einige Damen und Herren Fischereikollegen aus der deutschen Fischereiverwaltung, vor allem aus südlichen Bundesländern, eigentlich so scheel auf Arlinghaus und einige seiner Thesen? Weil er eine wissenschaftliche Marktlücke entdeckt hat, weil er im Gegensatz zu vielen anderen akribisch Daten und Fakten gesammelt hat und das auch fleißig auf Papier bringt, weil er sein Hobby zum Beruf gemacht hat? Ist das ein Verbrechen?

Ich meine: Wir sind mindestens dreieinhalb Millionen Fischer in diesem Land. Das Angelhobby steht für Lebensqualität und eine besondere Mußezeit. Mehr als dreieinhalb Millionen (mehrheitlich) Männer, die ihrem Hobby nachgehen, das hat Folgen, das wirkt sich aus, auf den Fischbestand, auf die Industrie. Angelfischer sind ein Faktor, ökologisch, ökonomisch, soziokulturell. So einfach ist eine wesentliche Arlinghaus-Botschaft. Und so taub stellt sich eine ganze Gesellschaft, vor allem die Fachkollegen, für die »Fischerei« immer nur Berufsfischerei ist. Aber genau dieser Zweig stirbt aus, in Deutschland jedenfalls, und wird von Anglern ersetzt.

Die der Berufsfischerei verschriebenen Binnen- und Küstenfischer sowie deren Lobbyvertreter hören es nicht so gern, dass es neben ihnen noch einen Menschenschlag gibt, der erstens ökonomisch höchst bedeutsam ist und dessen Tun zweitens auch Auswirkungen auf die Fischbestände haben kann.

Der Angelprofessor hat im Frühjahr 2009 z.B. eine repräsentative Studie erstellt, wonach in Mecklenburg-Vorpommern mehr Aale und Dorsche von Anglern als von Berufsfischern gefangen werden. Angeln ist vielleicht eine zu vernachlässigende Größe, wenn ein paar es tun, aber nicht, wenn es fünf Prozent der Bevölkerung tun, Tendenz steigend.

Der Kleine Döllnsee dampft an diesem kalten Novembermorgen. Über Nacht hat es gefroren, zwei, drei Grad sind es jetzt, der Schilfgürtel, der den See einfasst, steht gelb und golden und strohig. Arlinghaus und Thomas Klefoth sind schon einmal mit dem E-Motor am Angelkahn hinausgefahren, nicht zum Angeln, sondern zu Forschungszwecken.

Es ist das erste Mal, dass ich im Dienst der Wissenschaft fischen werde. Das Wasser ist sozusagen verwanzt. Arlinghaus und seine Männer (und Frauen!) haben diesen abgeschiedenen See in den Wäldern der Schorfheide überall mit Hydrophonen versehen, die Hechte, die im Döllnsee schwimmen, sehen nur aus wie gewöhnliche Hechte, sind aber Untersuchungsobjekte der Wissenschaft.

Alle Hechte, die in diesem Gewässer, auf dem die IGB das Fischereirecht hat, gefangen worden sind, sind mindestens mit einem kleinen Chip so groß wie ein ein Zentimeter langes Stück Kugelschreibermine versehen worden. Oder aber es ist ihnen sogar ein Ortungssender von der Größe der Kappe eines kleinen Füllfederhalters eingepflanzt worden.

Der See wird abgehört. Die Hydrophone zeichnen die Wege dieser Senderhechte nach. Keiner von ihnen schwimmt irgendwohin, ohne dass Arlinghaus und seine Leute davon wissen.

Auf etwa 600 erwachsene Hechte schätzen sie den Bestand des Sees, dessen Oberfläche jetzt spiegelglatt liegt und in der Spätherbstsonne glänzt. Wir wollen Hechte fangen, um sie mit Sendern zu versehen. Oder aber, um mit Sendern versehene Hechte erneut zu registrieren. Wir wollen erfahren: Welcher Hecht lässt sich wie einfach fangen? Welche Merkmale sind es, die die Angelfangbarkeit bestimmen? Sind es die Aktivbolzen, die häufig an der Angel hängen? Oder die Faultiere im Schilf, an denen der Blinker immer wieder gemächlich vorbeizuckelt? Erst wenn man weiß, welche Merkmale die Angelbarkeit bestimmen und wie, können Arlinghaus und sein Team komplexe mathematische Modelle entwickeln, die die Konsequenzen der Beangelung für die Fischbestände errechnen.

Wissenschaftliches Angeln unterscheidet sich praktisch nicht von gewöhnlichem Angeln, jedenfalls nicht auf den ersten Blick. Allerdings müssen alle Lebensräume systematisch abgeklappert werden. Es wäre nicht »wissenschaftlich«, nur am Hotspot zu ankern.

Auf dem Kleinen Döllnsee geht es nun schlicht darum, die Hechte zum Anbeißen zu verführen, mit Gummifischen, mit Blinkern, mit Köderfischen – toten, wohlgemerkt.

Wie immer bei diesen Angelausflügen beschleicht mich ein kleiner Komplex. Gemeinsames Angeln mit einem wissenschaftlichen Angler, kann das gutgehen? Oder macht man sich da lächerlich? Einer, der erforscht, wann, warum die Fische wo und wie beißen und wo und wie eben nicht, ist der nicht in einem enormen Vorteil?

Ich kann mich schon glücklich schätzen, dass ich überhaupt mitangeln darf. Arlinghaus, noch jung an Jahren, ist misstrauisch wie ein alter Karpfen. Er hat viele Erfahrungen mit der Presse gemacht, und nicht nur gute. An diesem Tag wollte eigentlich auch ein Fernsehteam von National Geographic zu ihm an den See kommen. Aber er hat sie abblitzen lassen, die Leute des Teams, das extra aus den USA da ist. Sie wollten was über den Wels machen, so eine Ungeheuer-Geschichte, das Monster aus der Tiefe, da hat Arlinghaus nicht mitgemacht. Sensationsgeschichten ohne wissenschaftlichen Beleg? So nicht, nicht mit ihm.

Aber mein Komplex bleibt. In diesem Gefühl der Minderwertigkeit ziehe ich meine Teleskoprute aus, verdruckst, weil heutzutage niemand, der etwas auf sich hält, noch mit Teleskopruten fischt.

Robert Arlinghaus und Doktorand Klefoth statten mich mit modernen Gummifischen aus, nachdem sie meine klägliche grüne Klappbox und deren Inhalt zu Gesicht bekommen haben. Beruhigt bin ich, als Arlinghaus einem anderen Forschungsfischerboot zuruft, ob sie was gefangen hätten. Ja, rufen sie zurück, einen Hecht. »Auf was?«, ruft Arlinghaus. »Auf'n Shaker!«, schallt es zurück. »n' Shaker – was'n das nun schon wieder?«, murmelt Arlinghaus, den ich seit fünf Minuten Robert nenne, und ich bin, wie gesagt, sehr froh: Er kennt auch nicht all die Namen der neuen Kunstköder aus Amerika, vor denen ich immer komplett ratlos in den großen Anglersupermärkten stehe.

Dann geht es los.

Das heißt, gar nichts geht los. Seit zwei Stunden schippern wir jetzt über den See, seit zwei Stunden platschen unsere Köder aufs Wasser, wieder und wieder, und ich bin froh, dass die kleine Güster, die ich als Köderfisch verwandt habe, wenigstens ein paar Bissspuren aufweist, ein eindeutiges Zeichen, dass ich immerhin Kontakt mit einem Hecht hatte.

Aber fangen tun wir nichts. Was zunächst einmal bedeutet, dass bei aller Forschung über und Rede vom Zusammenhang von »Angeldruck« und Angelerfolg, einfach auch dann rein gar nichts beißt, wenn sonst fast nie auf einem See gefischt wird. Hier am Kleinen Döllnsee fischen nur die paar Forscher von Arlinghaus, sonst haben die Hechte hier eine himmlische Ruhe. Die neuen Bewohner der ehemaligen Stasi-Gebäude im Wald, die am See stehen, halten sich im Großen und Ganzen daran, dass sie hier nicht schwarzfischen dürfen.

Arlinghaus lässt sich vom Nachbarboot einen Kunstköder geben, eine Barschnachbildung, die schon außerhalb des Wassers täuschend echt aussieht, ein Vermögen gekostet habe muss und unter Wasser schwänzelnd schwimmt wie ein echter Fisch.

Alex und Inge sind mit einem zweiten Boot unterwegs, und als wir sie nach zwei Stunden wieder am Steg anlegen sehen, wissen wir, dass wir den wissenschaftlichen Wettkampf verloren haben: Im Bassin unter dem Mittelsitz ihres Bootes schwimmen zwei Hechte, einer davon weist eine fürchterliche, klaffende Wunde direkt hinter den Kiemen auf. Das Hechtweibchen ist regelrecht aufgerissen, es fehlt ein ganzes Stück Haut, und die Eierstöcke, in denen sich schon der Ansatz von Rogen für das nächste Frühjahr gebildet hat, hängen heraus. Ein Wunder, dass der Fisch in diesem Zustand überhaupt gebissen hat.

Anglerische Erkenntnis am Rande der Wissenschaft: Die Fische sind nicht mit den sündhaft teuren Barschnachbildungen gefangen worden, sondern mit einem klobigen Stück silbrigem Metall, das hinten und vorne durchbohrt ist, vorne einen Wirbel aufweist und hinten einen Drilling. Wie sich herausstellt, ist es genau das, was es zu sein schien: Ein von Fischer Alex abgeschnittener und mit etwas Stahlwolle und einer Schleifmaschine angeschliffener alter Silberlöffel ohne Stiel. Marke Eigenbau. Darauf haben die Fische gebissen. So viel zur Materialschlacht.

Während wir noch rätseln, ob ein großer Artgenosse oder ein Kormoran, den die Naturschützer nur deshalb zum Vogel des Jahres erkoren haben, weil sie uns ärgern wollen, oder ein Fischadler der Hechtdame diese lebensgefährliche Wunde zugefügt hat, hat Thomas sie schon in eine Wanne gesetzt, in die er vorher eine nach Weihnachten riechende Flüssigkeit gespritzt hat. »Unser Abklingbecken«, sagt er und lacht. Entspannungsbad könnte man auch sagen, eine richtige Wellnesswanne ist das.

Sehr locker werden die Hechte darin, ganz lull und lall. Kurze Zeit darauf liegt das Tier auf der Seite und ist ganz, ganz ruhig. Die Mischung aus Nelkenöl und Alkohol hat es betäubt. Jetzt kann es untersucht und verarztet werden.

Arlinghaus fährt mit einem Gerät über den Körper des Fisches, das aussieht wie eine Infrarotlampe oder ein Heißluftföhn. »0136FOE3« liest er von dem Gerät ab. Das ist die Kennung. Der Hecht ist markiert mit einem Chip, mit einem PIT-Tag, einem passiven integrated transponder. Dieser Fisch sieht nur aus wie ein Fisch. Er ist schwimmendes Hightech. Nummer 18, der achtzehnte Hecht von über vierhundert Tieren, die inzwischen im Kleinen Döllnsee mit PIT-Marken markiert worden sind.

Thomas hat in einer Wellblechhütte unweit des Bootssteges Skalpelle und Scheren und andere Utensilien für die Operation schon in eine sterile Lösung gelegt. In seiner OP-Hütte sieht er aus wie Albert Schweitzer im Dschungel-Krankenhaus von Lambarene. Der Tropenhelm fehlt und ist durch eine Wollmütze ersetzt.

Hecht Nummer 18 wird keinen Ortungssender bekommen, sondern von Thomas mit Nadel und Faden zusammengeflickt. Er soll möglichst überleben. Er tut sich schwer damit, die Wunde ordentlich zuzunähen, weil so viel Haut fehlt.

Nachher wärmen wir uns in dem Bauwagen bei einem Kaffee und Stullen auf. Robert und Thomas wohnen in dem Bauwagen, wenn sie hier über Tage wissenschaftlich fischen. Es ist saugemütlich und herrlich milchtütig unaufgeräumt, eine Männer-WG auf Rädern, die den Charme dessen verströmt, was Robert Arlinghaus im »Unterschätzten Angler« etwas akademisch gespreizt so formuliert hat: Angelnde Menschen hätten »Bedürfnisse und Motivationen, die in erster Linie nur beim Angeln ausgelebt« werden könnten. Soziologen sprächen von der »Synthese zwischen nichtkonsumtiven Bedürfnissen (zum Beispiel Erlebnis der Natur) und konsumtiven Motiven (Fischfang) – ohne den Blick auf die Pose bleibt der Sonnenaufgang unvollkommen«.

Über dem Kleinen Döllnsee mit seinem strohigen Band aus Schilf senkt sich die trübe Herbstsonne, als ich davonfahre, ohne die konsumtiven Motive befriedigt zu haben, dafür aber die nichtkonsumtiven umso mehr. Alles ist friedlich und leise. Der Torwächter kommt aus seinem Häuschen, macht das Tor auf und winkt freundlich hinter mir her. Ich frage mich, ob die verarztete Hechtdame wohl durchkommen wird.

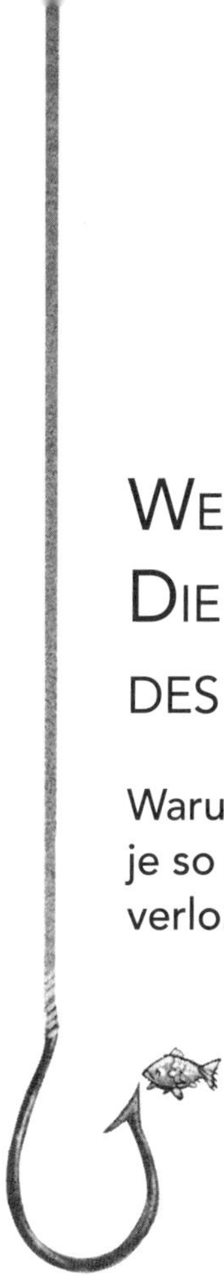

# Weg ist er – Die Ästhetik des Verlusts

## Warum kein gefangener Fisch je so schön sein kann wie ein verlorener

Ich könnte ihn noch malen, obwohl ich gar nicht malen kann: seinen breiten, marmorierten Rücken, seinen stechenden Blick, mit dem er mich aus seinem Entenkopf anzustarren schien. Es war Anfang Dezember am Baggersee zu Hause bei meinen Eltern im Illertal. Ich kenne diesen See von klein auf.

Ich habe ihn einwachsen sehen, ich habe erlebt, wie aus einem Kiesloch ein Biotop geworden ist, ein Kleinod, eine Oase, an der der Eisvogel brütet, Ringelnattern sich durchs Wasser schlängeln, der Bisam sich breitgemacht hat und inzwischen auch in rauhen Mengen wieder der Biber.

Ich kenne den See, ich kann ihn lesen. Ich weiß, wann und wo die Karpfen im Frühsommer schlagen, wenn sich das Wasser erwärmt hat und sie im Laichspiel platschen und klatschen. Ich weiß, dass die im Frühjahr eingesetzten Regenbogenforellen das kühle, frisch einlaufende Wasser am Kiesstrand schätzen, das von Süden her in den See drückt. Ich habe erlebt, wie erst Kormorane kamen und dann die Graugänse. Ich habe den See altern und reifen sehen. Von einer Kiesgrube, nackt und kahl, zu einem Kunstwerk der Natur, umstanden von Weiden, die ihre Äste schwer ins Wasser hängen lassen, erobert von Schilfrohr, das sich jedes Jahr weiter in den See hinein ausbreitet und in dem die Rohrsänger ihr Nest flechten.

Jedes Mal, wenn ich zu Hause bin, mache ich einen Spaziergang um den See, inspiziere jede Angelstelle, beobachte die Karpfen und Zander, die gerne unter den überhängenden Ästen am Ufer einer Halbinsel stehen und durch die einfallende Sonne aussehen wie illuminiert in einem Aquarium. Ich staune jedes Frühjahr aufs Neue darüber, wie klar das Wasser geworden ist, wenn es sich erholen konnte vom Badebetrieb des Sommers, das einfließende Grundwasser sich breitgemacht hat und die letzte Algenblüte lange her ist. Ich gehe eigentlich nicht an ein Gewässer bei diesen Ausflügen, ich besuche einen alten Bekannten und schaue mir genau an, wie er sich verändert hat seit dem letzten Besuch. Beim Hochwasser vor drei Jahren hat sich von Süden her Erdreich in braunen Strömen ins Seebett ergossen, und seither wuchert die Wasserpest, als habe man sie gedüngt.

Früher faszinierten mich die großen Döbel am Überlauf in den Zwillingssee. Jahrelang habe ich den richtigen Köder für sie gesucht, bis es mit Stückchen von Leberkäse gelang, sie zu überlisten. Ein Spaziergänger hatte mir davon erzählt, dass er ein altes Wurstbrötchen am See gefunden hatte und den Fischen in Stücken zuwarf, die sich nicht die Brotfetzen, sondern die Wurststücke einverleibten. Leberkäse als Köder, wie soll man darauf kommen?

Inzwischen sind die Döbel verschwunden, einfach weg, obwohl ich sie bestimmt nicht alle gefangen habe, keiner weiß, wo sie sind. Vielleicht kommen sie eines Tages wieder.

Bei einem dieser Spaziergänge jedenfalls hatte ich ihn gesehen. Am Nordufer hatten die Biber eine oberschenkelstarke Weide gefällt, die ins Wasser gefallen war und deren Baumkrone dort nun blattlos und tot aus dem See ragte. Wenige Meter vom Ufer entfernt war der Hecht entlanggezogen, ganz gravitätisch und ohne erkennbare Bewegung der Flossen, wie von einem unsichtbaren Motor getrieben. Erst als er meiner gewahr wurde, machte er ein, zwei kurze Schläge mit dem Schwanz und verschwand im Dunkel und in der Tiefe Richtung Baumkrone. Ich schätzte ihn auf etwa 80 bis 90 Zentimeter, genauer gesagt also mit einiger Sicherheit eine Sie, eine Hechtdame. Die Männer werden bei den Hechten nicht sehr groß. Nur die Damen wachsen zu Ungetümen groß und schwer wie Eisenbahnschwellen heran.

In der ersten Dezemberwoche war alles vorbereitet. Mein Vater hatte mühsam zwei, drei Rotaugen als Köderfische besorgt, von denen ich die erste, eine ordentliche Portion von einem Viertelpfund, etwa fünf, sechs Meter neben der Baumkrone der Weide platschend auswarf. Es verging keine Minute, bis der schwere Schwimmer sich gleichmäßig nach rechts bewegte, ohne dabei unterzugehen, dann zog er doch schräg nach rechts unter Wasser Richtung Geäst der toten Weide. Ich schlug an und spürte starken, aber reglosen Widerstand. In solchen Momenten ist man leicht geneigt, an das Wahrscheinliche zu glauben: mit dem Drilling im Geäst der Weide zu hängen, deren Äste flexibel nach-, den Drilling aber nicht freigeben.

Erst als ich etwa zehn Meter Schnur gewonnen hatte, konnte ich an den federnden Ast als Widerpart nicht mehr glauben, da kam auch schon das erste

Leben in den vermeintlichen Ast. Mürrisch zog der Fisch am anderen Ende der Leine zweimal Schnur von der Rolle, dass die Bremse kreischte.

Man muss dazu sagen, so ein Hecht im Winter ist keine große Kämpfernatur. Sein Blut ist genauso kalt wie das Wasser, der Stoffwechsel ist heruntergefahren, der Hecht fühlt sich so wie wir, wenn wir morgens um vier vom Wecker aus dem Schlaf geholt werden. In dem Zustand reißen wir auch keine Bäume aus.

Ich gewann also Meter um Meter und sah den Fisch alsbald als grünen Schemen auftauchen. Was für ein wunderschönes Tier! Die getigerte Flanke blitzte einmal hell auf, als die Hechtdame abermals gegen den Zug meiner Rute protestierte. Schneller als ich gedacht hätte, hatte ich den Fisch an den Kescherrand geführt, doch was stellte ich mich blöd an!

Der Kescher war zu klein, um den Fisch einfach so darüberzuziehen und in den Maschen verschwinden zu lassen. Wie ein zu großer Stock ragte der Hecht über die Ränder des Keschers hinaus. Dessen Kontakt rief die Lebensgeister in ihm wach, und mit einem Mal, ohne große Anstrengung, riss der Fisch zehn, zwölf Meter von der Rolle.

Ich war schockstarr – und dann gottfroh, als ich weiter Widerstand spürte. Dasselbe also noch mal, den Hecht langsam heranführen, und wieder stand der Hecht sperrig über dem Rand des Keschers, steif wie ein Brett. Nun passierte das, wovor jeder Hechtangler Angst hat. Der Fisch riss das Maul auf, ich konnte den Drilling vorne rechts an seinem Maulrand sehen, dann schüttelte er den Kopf über Wasser, dass es platschte und stand dann wieder reglos wie eine Bahnschwelle. Er bewegte die Schwanzflosse zwei-, dreimal und glitt majestätisch davon – diesmal, ohne dass meine Bremse kreischte und die Schnur sich spannte. Schlaff hing sie ins Wasser. Der Hecht hatte den Drilling abgeschüttelt. Der Fisch hatte gewonnen.

Ich war zutiefst enttäuscht und zugleich voller Respekt für den Fisch. Ich fuhr in den Skiurlaub und dachte viel an ihn. Einige Tage später erzählte mir mein Vater, dass er an der Stelle einen großen Batzen Wasserpflanzen und ein paar Schuppen gesehen hätte. Offenbar war ein Kollege weniger tolpatschig gewesen und hatte sich die winterhungrige Dame geschnappt.

Dieser Hecht ist in meiner Erinnerung einer der schönsten und faszinierendsten Fische, die ich nie gefangen habe. Er wird immer schöner und immer noch erhabener in seinem Abgang, je länger dieser Dezembertag zurückliegt. Der Verlust ist bittersüß. Kaum ein gefangener Fisch erreicht je die Erhabenheit und Schönheit eines verlorenen Fisches.

Die Lust am Leben spiegelt sich im Leid am Verlust. Erst wenn wir etwas nicht mehr haben und schmerzlich vermissen, wissen wir, was wir daran hatten und wie schön das war. Letztlich ist das ganze Leben bestimmt von der Angst vor dem Verlust. Das Kind hat Angst vor dem Verlust der Eltern. Die Verlustangst ist die bestimmende Determinante des Lebens. Am Ende verlieren wir alles, was wir haben, das Leben selbst. Das wissen und verdrängen wir. Wir halten fest und lassen nicht los, bis es nicht mehr länger geht und wir sterben. Deshalb ist jeder Verlust ein kleiner Tod. Im Verlust erkennen wir das Ende und haben deshalb Angst davor.

Der Sinn des Lebens, wenn es denn einen individuellen gibt, besteht darin, die Zeit bis zum endgültigen Verlust, dem Tod, einigermaßen glücklich zu überdauern. Es ist weniger ein Sinn, als vielmehr eine Kunst: zu wissen, dass wir sterben, und dennoch zu leben. »Carpe diem et memento mori«, haben die Barockdichter empfohlen: Pflücke den Tag im Wissen um den Tod, wobei sich hier der Hinweis anbietet, dass in jenem Carpe auch der Wortstamm des Karpfens, des Pflückers, liegt.

Im »Club der toten Dichter« spielt der Schauspieler Robin Williams eindrucksvoll einen Lehrer an einem britischen Elite-Internat, dem es gelingt, eine Jungenklasse, die aus wohlstandsverwahrlosten Schnöseln besteht, denen altersstarrsinnige Lateinpauker den letzten Rest von Freude an der Literatur vergällen, für das Feuer der Literatur wieder zu erwärmen. Er bezieht sich auf das Carpe diem, er liest ihnen Walt Whitman vor und fordert sie mit Henry David Thoreau auf, das Mark des Lebens aufzusaugen.

Es ist ein Zitat aus »Walden«, dem Eremitage-Werk, in dem Thoreau sagt, die Zeit sei ein Fluss, »in dem ich angeln will«.

Wahrscheinlich wollen wir in Wahrheit gar keine Fische fangen, darum geht es gar nicht in erster Linie. Vermutlich steckt in uns allen »Der fromme Angler«, den Kurt Tucholsky 1930 beobachtet und beschrieben hat. Die Miniatur sei hier der Einfachheit halber komplett zitiert. Schöner als Tucholsky kann es sowieso keiner formulieren, der offenbar auch bemerkt hatte, dass sich im Angeln mehr spiegelt als nur die Silhouette des Fischers im Wasser.

»Bei Ascona im Tessinischen lebt ein Mann, der hat es mit der Frömmigkeit und liebt die Lebewesen und alles, was da kreucht und fleucht«, hebt die Geschichte an. »Gut. Nun angelt der Mann aber sehr gern. Und da sitzt er denn so manchmal am Lago Maggiore und läßt die Beine baumeln, hält die Angelrute fest und sieht ins Wasser. Und dabei betet er.

Er betet nämlich: es möge kein Fisch anbeißen.

Weil sich doch die Fische immer so quälen müssen, wenn sie am Angelhaken zappeln, und das möchte der Mann nicht, und da sendet er denn ein heißes Gebet nach dem andern zum lieben Gott, Abteilung Lago Maggiore-Fische: es solle auch gewiß keiner bei ihm anbeißen. Und dann angelt er weiter.

O meine Lieben! Ist dieser Mann nicht so recht eine Allegorie, ja, ein Symbol? Das ist er. Dieser Mann muß entweder ein alter Jude sein, oder, verschärfter Fall des Judentums, er ist bei den Jesuiten in die Lehre gegangen. Er hat das Höchste erreicht, was Menschen erreichen können: er hat die himmlischen Ideale mit seinen sündigen Trieben zu vereinen gewußt, und das will gekonnt sein. Den Fischen, die da bei ihm zappeln, wird das ja gleich sein; aber ihm ist es nicht gleich, denn er hat nun beides: die Fische und die Seelenruhe.

Schluß, allgemeiner Ausblick:

Da sitzen sie am Ufer des Lebens ... oder am Meere des Lebens, das ist eigentlich noch schöner ... da sitzen sie am Meere des Lebens und baumeln mit den Beinen und halten die Angelrute ins Wasser, um den Erfolg zu fischen. Aber wenn sie schlau sind, dann beten sie dazu und sind: Fromme Huren, soziale Bankdirektoren, demokratische Militärs und privatest die Wahrheit liebende Journalisten. Sie angeln und sie beten.«

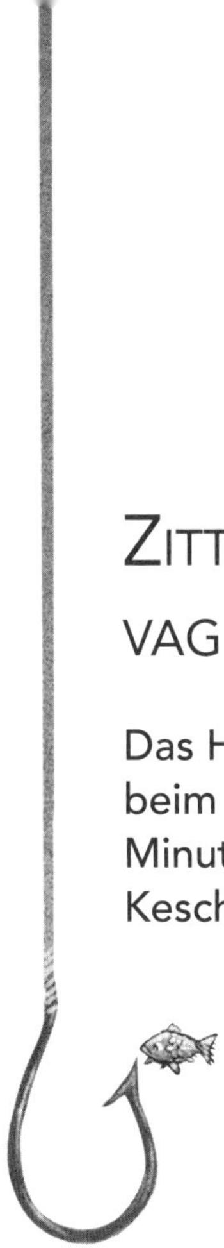

# Zitternde Pose, vages Glück

## Das Hochgefühl des Anglers beim Biss und die bangen Minuten bis an den Rand des Keschers – und des Wahnsinns

Am schlimmsten ist die Schleie, ach, wie schön schlimm ist die Schleie. Sie ist die Diva unter den Fischen. Sie bewegt sich durchs Wasser wie eine Majestät, ihre Bewegungen sind so rund und ästhetisch wie ihr Körper und ihre Flossen, alles an ihr ist anmutig und ruhig. Sie ist schwimmende Entschleunigung, sie hat so viel Zeit, all die Zeit, die wir auch gerne hätten.

Sie macht mich rasend mit ihrem Spiel, sie hält mich hin wie eine geschickte Gespielin, die mich und meinen Trieb auf die ganz lange Folter spannt. Man sieht sie nahen in klaren Seen, und sie tut, als nehme sie den Mix aus einem Mistwurm und einem Maiskorn gar nicht wahr, den wir nur wenige Meter vom Ufer entfernt ausgelegt haben, das gelbe Korn gut sichtbar leuchtend. Sie schwimmt vorbei, gerne mit einer ähnlich koketten Freundin und verschwindet ebenso gemächlich, wie sie gekommen war.

Dann vergehen einige Minuten, sie kommt zurück, und jetzt macht sie das, was eine Frau macht, die im langen Kuss eine Hand an unserem Bauch herabgleiten lässt – um am Hosenbund wieder kehrtzumachen.

Die Schleie zeigt uns kurz an, dass sie das Maiskorn und den Wurm sehr wohl wahrgenommen hat.

Dann schwimmt sie wieder von dannen, gravitätisch, wie sie gekommen ist.

Jetzt ist es ganz wichtig, nicht die Nerven zu verlieren und gewissermaßen einen Praecox zu bekommen und den Köder aus dem Wasser zu ziehen, ihn am Ende ihr direkt vor die Nase zu werfen …

Falsch, ganz falsch!!!

Sie hat ihn ja gesehen, wir müssen ihr das Mahl nicht vor die Nase werfen, das bestraft sie mit jener demonstrativen Nichtachtung, die uns auch widerfährt, wenn wir bei der Annäherung an eine Frau mit der Tür ins Haus fallen.

Nein, beim dritten oder vierten Ausflug an unsere Angelstelle lässt sie sich, wenn sie denn bei Laune ist, ganz, ganz langsam herab zu unserem Köder und saugt ihn ein, sachte, so sachte, dass an der kleinen Pose darüber bestenfalls ein kleines Zittern zu sehen ist, mehr nicht.

Ein Moment größter Lust nach all dieser Entbehrung und nicht erlöster Anspannung.

Ich bin ein großer Freund des einfachen Angelns. Rute, Rolle, Pose, Blei und Haken. Das ist die Montage, die mir am besten gefällt. Mögen andere die ausgefallensten Wobbler oder Twister oder Shads, und wie sie alle heißen, aus ihrem Angelspielzeugladen in den Fluten versenken. Mögen die anderen mit ferngesteuerten Motorbooten ihre Karpfenmontagen bis halb auf den See hinausfahren und die Ruten in Vorrichtungen legen, die piepen und machen und tun, wenn der Fisch angebissen und sich selbst gehakt hat.

Ich mag es am liebsten, wenn eine Pose auf dem Wasser tänzelt oder, beim Grundangeln, auch wie schlafend mit Schlagseite auf der Oberfläche liegt. Ich mag es, wenn sie dann lebendig wird, wenn ich nicht genau weiß, wann der richtige Moment für den Anhieb gekommen ist.

Nichts ist so elektrisierend wie eine Pose, die plötzlich beginnt, sich zu bewegen. Das kaum merkliche Zittern bei einem Schleienbiss, das langsame, gleichmäßig wie ein Diesel schräg zur Seite und gleichzeitig nach unten Abgleiten, wenn ein Karpfen den Köder nimmt. Oder die Forelle. Tschuck, ist der Schwimmer weg und verharrt in einem Meter Tiefe gerne wie angewachsen. Das nervöse Nibbeln der Rotaugen, bei denen man ruhige Nerven behalten muss, um den richtigen Moment für den Anhieb zu finden: nicht zu früh, nicht zu spät. Der Hecht, der den Köderfisch und damit den Schwimmer erst zur Seite zieht, ohne dass der absegelt, bis es plötzlich fast waagrecht abtaucht und die Schnur in Kringeln von der Rolle springt.

Für meine Begriffe machen die folgenden Minuten des Drills den besonderen Kitzel aus. Wir befinden uns in einem anderen Modus, der erst wieder verlassen wird, wenn der Fisch sich entweder befreit hat oder vor uns im Gras liegt. Es fängt schon beim Anhieb an. Geht er ins Leere, oder bleibt ein Widerstand, ein Widerstand, der sich sogleich mit Leben füllt?

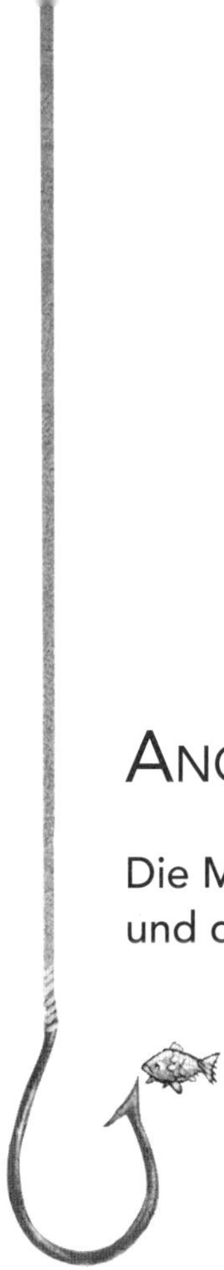

# Angeln als Porno

## Die Materialschlacht und die Leine

Im Café Lindwurm in der recht malerischen Altstadt von Scheinfeld liegt die *Bild*-Zeitung aus, die an diesem Morgen vermeldet, dass die Weltkrise die Kernbranchen der Realwirtschaft erreicht hat, wenn sie berichtet, dass bei Beate Uhse der Gewinn um 90 Prozent und der Umsatz um fast zehn Prozent eingebrochen sind in diesem Jahr. Die Krise schlägt also nicht nur aufs Gemüt, sondern auch aufs Genital, der Mann als Triebfeder des Erotik-Geschäfts scheint seine Lust verloren zu haben, jedenfalls seine Kauflust.

Doch es gibt Hoffnung, wie sich an diesem Morgen in Scheinfeld erweisen wird, einem idyllischen, aber auch etwas verschlafenen Ort nicht weit von Neustadt an der Aisch im Fränkischen. Wer sich fragt, warum der Mann nicht mehr einkauft bei Beate Uhse, der bekommt hier die Antwort: Weil er einkauft bei Gerlinger. Er hat seine Lust verschoben.

Der Weg hierher auf der von Lastwagen verstopften Bundesstraße B 8 war gesäumt von viereckigen Teichen, in denen die Karpfen des Aischgrundes allmählich in Richtung Fritteuse wachsen, ein fränkischer Karpfen, halbiert und rösch rausgebacken ist eine feine Sache, und die vielen Tümpel mit den Futterautomaten, die wie Enteninseln aussehen, machen Lust darauf, sich das Essen gleich selbst zu fangen.

Über Scheinfeld thront eine Burg, ein Bauwerk, das jede Reise wert wäre, uns aber zieht es ins weniger pittoreske Gewerbegebiet Süd von Scheinfeld, dorthin, wo sich das Paradies auf 1000 Quadratmetern ausdehnt.

Ganz am Ende des Industriegebiets gegenüber eines Baustoffhofs steht ein graurosa Bau aus diesem unansehnlichen, aber preiswerten Wellblech, in dem auch Beate Uhse und andere Anbieter ihre Erotik-Märkte entlang der Autobahnen schnell hochgezogen haben.

Angelwelt Gerlinger – es gibt keine Steigerung zu diesem Ausrüstungshandel für Angelwaren, jedenfalls nicht in Deutschland, wenn man von Askari absieht, aber Askari ist ein reiner Versandhändler. Die Angelwelt Gerlinger in Scheinfeld ist also der größte Angelladen weit und breit.

Heinz Gerlinger seufzt auf die Frage, ob er denn selbst Angler sei. Damit habe das doch alles angefangen, sagt er, und es hört sich etwas schicksalsergeben an. Einen sicheren »Beamtenjob« bei der Telekom habe er damals aufgegeben, als irgendwann der eigene kleine Angelladen ihm über den Kopf wuchs und er sich entscheiden musste. Drei, vier Jahre hat er es parallel versucht, dann den Spagat aufgegeben.

Heute kommt er kaum noch zum Fischen, und ist auch schwer zu erreichen, weil er dauernd um die Welt fliegt, ab Mitte Januar sei er wieder für drei Wochen in China, sagt Gerlinger. Nicht zum Fischen, sondern zur Akquise.

Das Hobby hat sich bei ihm zu einem großen Business ausgewachsen. Heinz Gerlinger ist ein ganz dicker Fisch. Über 25 000 verschiedene Artikel umfasst sein Sortiment. 45 000 Päckchen verschickt die Angelwelt Gerlinger im Jahr. Den genauen Umsatz möchte Gerlinger nicht in der Zeitung und auch nicht in einem Buch lesen, aber es geht gut in die Millionen. Der Katalog von Gerlinger ist der Otto-Katalog für Angler, er umfasst 967 Seiten und wiegt genau 1,8 Kilo, jedenfalls die Ausgabe für 2009, das kleinere Heftchen mit den Sonderangeboten zum Saisonende nicht eingerechnet.

Zunächst einmal sieht es so aus, als handle Gerlinger mit einer Ware, die man in die Hand nehmen kann. Es ist unfassbar, wie viel buntes Männerspielzeug auf diesen 1000 Quadratmetern Platz findet. Wer die Halle betritt und sich ein Körbchen am Eingang geschnappt hat, der passiert zunächst eine Abteilung von Sonderangeboten, in Körben wie auf Krabbeltischen bei Woolworth gibt es Schnäppchen, Polbrillen für 4 Euro 95, Blinker, Gummi-Getier, Posen, Bleie. Dahinter steht ein Wald aus Ruten, die hundertfach, tausendfach in den Hallenhimmel staksen, eine ganze Wand ist mit Rollen bestückt, Rollen, Rollen, Rollen, so weit das Auge reicht.

In Wahrheit aber handelt Gerlinger mit Träumen, und im Grunde handelt es sich hier auch nicht um einen Verkaufsraum, sondern um eine Art Kirche. In der Mitte dieser Kirche hat der Hohepriester des Geschehens seinen Altar. Eine Beratungstheke umrahmt einen Mann mit einem roten Gesicht, der wahlweise am Telefon hängt oder Männern mit Körbchen am Arm wie Rotkäppchen bei Fragen zur Verfügung steht.

Gerlinger ist kein Wunsch fremd. Hier wird mit realen Produkten gehandelt, aber in Wahrheit mit

Sehnsüchten und Hoffnungen, mit unerfüllten Leidenschaften. Mehr buntes Gummi, mehr Gels und Tübchen und Flakons, mehr Wundermittel gegen Lustlosigkeit findet sich in keinem Sexshop.

Wie groß muss unsere Verzweiflung sein, wie stark der Glaube an all diese Wundermittelchen, wenn wir jedes Jahr Hunderte Millionen Euro allein in Deutschland für all diesen Krempel ausgeben.

Machen wir es konkret: Einen Karpfen fängt man wunderbar mit Dosenmais, den man für nicht einmal einen Euro im Supermarkt um die Ecke kaufen kann. Wenn zu viele Weißfische im Gewässer herumschwimmen und den Mais abzuppeln, bevor sich ein Karpfen bequemt, ihn einzuschlürfen, dann hat sich Frolic, das Hundefutter, bestens bewährt. Drei Kilo für 6 Euro 80. Einfach einen Frolic-Ring mit einem Faden an den Haken binden, vorher etwas angefüttert – klappt prima. Das Hundefutter hält ewig im Wasser, weicht nur geringfügig auf, lässt sich, weil o-förmig, kinderleicht an den Haken binden. Dutzende Karpfen habe ich schon mit Frolic gefangen, oder eben mit dem billigen Dosenmais – genauso geht es übrigens mit geklautem Futtermais vom Acker, rechtzeitig geerntet, leicht gekocht oder gequollen, wenn man will, mit etwas Vanillezucker gesüßt.

Kostet gar nichts, nicht mal viel Mühe.

Aber wer so auf Karpfen fischt, ist völlig falsch bei Gerlinger. Ein ganzes Regal Boilies hält für jeden Geschmack etwas parat. Boilies sind im Grunde auch nichts anderes als Frolic-Brocken, nur mindestens zehnmal teurer. Die Karpfen-Kugeln mit 20 Millimeter Durchmesser gibt es bei Gerlinger wahlweise als »Tuttifrutti orange«, als »Shellfisch natur«, als »Muschel grüngelb«, als »Wildkirsche dunkelrot«, »als bananengelb«, als »Red-Salmon«, also Lachs, blutrot, als »Squid Octopus natur«, als »Green Zing grün«, als »Forelli natur«, als »Monster Crab dunkelbraun« oder als »Tutti-Fisch beige«. Besser, man kauft von allem ein bisschen, oder auch ein bisschen mehr. Wer weiß schon, wonach dem Karpfen heute so der Sinn steht.

Für alle, die an diese Duftbomben alleine nicht glauben, unterhält Gerlinger eine eigene Parfümerie, aufgereiht stehen dort winzige Fläschchen, in denen es die ganzen Boilie-Düfte noch mal als sogenannten Dip gibt, sündhaft teuer, winzig klein die Fläschchen. »Amino Dope«, »Carp Special«, »Power Spice Anis«, »Sweet Dreams«.

Oder schräg gegenüber ein Regal, in dem sind vom Aal-Killer bis zum Zander-Killer verschiedenste Lockmittel abgefüllt. Wenn man mit dem Kopf näher an die Fläschchen geht, weil man den Preisschildern nicht glauben mag, schlägt einem beißender Gestank entgegen. Spätestens an dieser Stelle muss der Spruch kommen, dass der Köder dem Fisch schmecken muss und nicht dem Fischer. Die Tüten mit Anfüttermaterial tragen geheimnisvolle und vielversprechende Titel. Da gibt es den Master Mix mit »Top Secret Arachide«, was immer das ist, ebenso wenig weiß ich, was Oxigen sein soll, aber die Tüte verspricht »Mit Oxigen mehr fangen«. Gemessen an dieser Prosa nehmen sich die Versprechungen von Anti-Aging-Cremes skrupulös aus.

Irgendwie erinnern die Wässerchen und Wunderpulver und Zaubertropfen an das, was es bei besagter Beate Uhse als Wundermittelchen zu kaufen gibt, das man seiner Flamme des Abends unbemerkt in den Gin Tonic schütten solle, um sie hinterher in hemmungsloser Geilheit genießen zu können. Spanische Fliege für Fischer.

Das ist alles natürlich hanebüchener Blödsinn, bei Beate Uhse und bei Gerlinger. Wir wissen das. Aber wir wollen es nicht wahrhaben, wir wollen daran glauben, und wir wollen viel Geld dafür ausgeben, je mehr Geld, desto besser. Denn nur was viel kostet, kann auch richtig gut sein.

Es ist unmöglich, alle Irrsinnigkeiten aufzulisten, die bei Gerlinger zu haben sind. Einmal aber fällt mein Blick auf ein Tier, handtellergroß, das aussieht wie eine Eidechse. »The Great Gecko« steht auf dem Stück Pappe, auf dem er festgeschnallt ist. Die Rückseite der Pappe klärt darüber auf, dass dieser Gecko der »Knüller« der vergangenen nordamerikanischen Hechtsaison gewesen sein soll. Deshalb jetzt auch bei uns für unerhebliche zwölf Euro: der Great Gecko.

Warum er die hiesigen Hechte aus der Reserve locken soll, versteht jeder, der die Gummi-Echse mit den beiden gewaltigen Drillingen, die ihr am Bauch baumeln, anschaut. Das Vieh sieht so echt aus, als würde es jeden Moment an der Glasplatte seiner Vitrine hochlaufen. Das Problem ist nur: Es gibt gar keine Geckos bei uns. Warum also soll unser Hecht auf den Great Gecko abfahren?

Aber gut. Wir wollen nicht so kleinlich sein. Wer weiß schon, was in den Gehirnen von Hechten vor sich geht. Was es auf jeden Fall gibt bei uns, sind Regenbogenforellen, jedenfalls seit die vor 150 Jahren aus den USA eingeführt wurden und seither unsere ungleich schönere und anmutigere Bachforelle verdrängt haben.

An der Wand, die voller Blinker und Wobbler und anderer Kunstfische hängt, sticht eine Regenbogenforelle ins Auge, die ungeheuer lebensecht aussieht. Es ist ein dreigliedriges Wunderwerk, die »Spro Swimbait BBZ-1SS Raintrout 24 cm, langsam sinkend«, wie die Verpackung erklärt. Ein traumhaftes Teil diese BBZ-1SS Raintrout 24 für gerade mal 31,90 Euro. Nie hat man einen schöneren Kunstfisch in seinem Angelsee versenkt als diese Forelle, wenn sie an einem Baumstamm unter der Wasseroberfläche beim Schleppen hängen bleibt und die Schnur am Ende reißt. Das ist wie eine Opfergabe auf dem Altar des Angelgottes, 31 Euro 90 – auf Nimmerwiedersehen.

So staunt man sich weiter durch die Regale wie Alice seinerzeit durchs Wunderland, und es bleibt nicht aus, dass man dabei das eine oder andere Gespräch des rotgesichtigen Hohepriesters an seinem

Altar mithört. Im Moment, erklärt er einem ihm offenbar gut bekannten Kunden, »im Moment hamma ja die Aktion, also wend'st für 500 Euro einkaufst, dann gehen noch mal zehn Prozent wech, also is' noch mal billiger.«

Na also. Noch mal billiger ab 500 Euro. Ein Kunde schleicht schon die ganze Zeit um den Altar herum und wartet darauf, dass der Rotgesichtige Zeit für ihn hat. Er hält eine Rolle in der Hand und schaut sie ganz verzückt an. Eigentlich, sagt er dabei, »eigentlich is' a Schmarrn, ich hab so vill Roll'n!«.

Darauf entgegnet der Rotgesichtige: »Aber wenn man sich halt mal verliebt hat ...« So viel Gefühl hätte man ihm gar nicht zugetraut. Der Mann mit dem verliebten Blick fasst sich jedenfalls ein Herz und führt seine neue Flamme nicht eben zum Traualtar, aber zur Kasse bei Gerlinger. Er sagt: Ja, ich will, ich will dich. Macht 127,98 Euro.

Und ich? Ich habe mir zur Tarnung auch ein Körbchen am Eingang geschnappt und darauf geachtet, dass ich nicht so auffalle. Bei mir ist es ja so: Wenn ich so einer Reizüberflutung ausgesetzt bin, dann reagiere ich eher mit Abwehrreflexen. Also, um Himmels willen: Was kaufen von all dem bunten Kram, jetzt, wo ich endlich mal da bin. Ich lege eine Tüte Anfüttermittel in mein Körbchen, das ich mir genauso gut aus Semmelbröseln und Mehl und Vanillezucker selbst mixen könnte, noch ein paar 20-Gramm-Bleikugeln und dann ab zur Kasse. Ich zahle 8,75 Euro und verlasse Gerlinger mit einem brummenden Schädel. Draußen im Windfang des lagerartigen Verkaufsraumes lässt sich gerade ein Kunde einen sündhaft teuren Räucherofen erklären.

Raus. Luft. Durchatmen. Und weiterfahren.

Ich habe mich für den Nachmittag noch mit Sven Rosenberger verabredet. Liros heißt seine Firma, und Liros steht ganz einfach für Lichtenberg und Rosenberger, den Familiennamen seiner Seilfabrik, das in der oberfränkischen Enklave nahe Bad Steben in fünfter Generation von den Rosenbergers betrieben wird. 130 Mitarbeiter am Hauptsitz der Firma, 1500 Tonnen Taue, die dieses Werk jedes Jahr verlassen, Garne aus Sisal, Taue aus Polyamid und Polyester, und eben auch Schnüre aus einer Wunderfaser, die auf den Namen Dyneema hört.

Dyneema ist die stärkste Faser der Welt. Sie hat mein Leben verändert. Sie hat das Leben von all uns Anglern verändert. Sie hat uns das Gefühl gegeben, das Fühlen gelehrt. Früher, da haben wir mit einer Art besserer Drachenschnur geangelt, einer sogenannten monofilen Schnur, ein Stück Nylon, das sich dehnte und so dick war, dass es kaum Gefühl übertrug.

Es war wie ein Fäustling als Kondom. Dann aber kam Dyneema. Seither spüren wir jeden Stein am Boden eines Gewässers, können Fischen beim Biss die einzelnen Zähne im Maul erfühlen. Jetzt haben wir einen regelrechten Nervenstrang zum Fisch. Seither ist Angeln gefühlsecht.

Herr Rosenberger spielt bei dieser Entwicklung eine entscheidende Rolle. Bei ihm tauchte Anfang der neunziger Jahre ein Kunde auf, der bei Liros Seile für Fluggeräte, wie Drachen und Gleitschirme, orderte. Nebenbei aber war der Mann auch Angler, und er fragte sich, ob sich aus diesen Schnüren, die aus der Dyneema-Faser geflochten sind, nicht auch eine Angelschnur fertigen ließe, die der herkömmlichen Leine haushoch überlegen sein muss. »Mensch, wie wäre das denn …?«, fragte er eines Tages.

Das war die Geburtsstunde jener Schnur, eine Erfindung aus Versehen, die Entstehung einer Schnur, die wir seither nur ehrfürchtig »die Geflochtene« nennen. »Die Angelschnur«, sagt Herr Rosenberger, »hat sich ergeben durch die Erfahrung aus dem Bereich Flug- und Lenkdrachen.«

Herr Rosenberger jedenfalls griff die Idee des Kunden auf, setzte sich mit einer Firma für Angelgerätschaften in Verbindung, und kurze Zeit später berichtete der *Blinker* über die neue Wunderleine »Cora Strong«. Die erste reißfeste geflochtene Angelschnur der Welt. Haarfein und doch von einer gewaltigen Tragkraft, vor allem aber vom Feingefühl eines Qualitätskondoms. Sie transportiert die Signale des Fisches wie eine Kupferlitze den Strom. Seither gibt es Angelschnüre, die nur noch einen Durchmesser von 0,06 Millimeter haben, und es ginge noch dünner, wenn sich die Schnur auf einer Rolle dann noch handhaben lassen würde.

Die Schnur ist phänomenal. Sie dehnt sich kein

bisschen, was am Anfang dazu führte, dass sie regelmäßig Rollen und deren Lager zerlegte, die von dieser dehnungsfreien Schnur hoffnungslos überfordert waren. Sie schnitt in ihrer Schärfe in die herkömmlichen Rutenringe. Zehn- bis zwölffache Festigkeit bei gleicher Schnurstärke im Vergleich zu herkömmlichen Angelschnüren, gleiche Festigkeit bei einem Zehntel des Gewichts. Was hier in Lichtenberg erfunden wurde, das kam einer Revolution gleich. Rosenberger reicht eine Rolle herüber, auf der eine feine Faser aufgerollt ist, die nicht einmal so dünn ist wie ein menschliches Haar. »55 Dtex«, sagt Herr Rosenberger, als ob uns das was sagen müsste, und weil ich etwas verdutzt gucke, erklärt er das. 55 Dtex, das heißt übersetzt, dass 10 000 Meter dieser Faser 55 Gramm wiegen. Aus drei dieser Fasern flechten Liros und andere Hersteller die dünnste Angelschnur der Welt, mit ihren 0,06 Millimetern, und die trägt schon vier Kilogramm. Es ist unfassbar.

In einer der Hallen bei Liros drehen sich noch die Spindeln und tanzen Ballett, um allmählich die Angelschnüre zu verflechten. Schön sieht das aus. Aber viele der Maschinen in diesem hinteren Teil der Halle stehen inzwischen still. Liros produziert nur noch wenig, »nur noch ein paar hunderttausend Meter im Jahr«, wie Sven Rosenberger sagt. In der Spitze waren es einmal über zehn Millionen Meter im Jahr. Sven Rosenberger und sein Cousin haben sich inzwischen aus dem Bereich der Angelschnüre wieder zurückgezogen. Seit die amerikanische Firma Berkley mit Dyneema ein Spezialabkommen geschlossen hat, hat Berkley praktisch ein Monopol in diesem Geschäft.

Liros ist der Markt weggelaufen, obwohl sie die Innovationsführer waren, wie sie sagen. Seither betrachten sie das Buhei um die Schnüre mit ähnlichem Amüsement wie den Hype um die ganzen Angelgerätschaften. Die Rosenbergers gehen auch gelegentlich fischen, sind aber keine Ausrüstungsfetischisten.

So ist das Leben. Und jetzt wirbt Berkley mit einer neuen Wunderschnur, FireLine Crystal, der ersten weißen geflochtenen. »10 Jahre Forschungsarbeit stehen hinter diesem einmaligen Produkt! FireLine Crystal vereint die Tragkraft einer geflochtenen Schnur mit der Transparenz einer monofilen Schnur in einem Produkt.« So geht der Werbesermon in einem fort: »Mit der FireLine Crystal erschließen sich dem Angler unzählige Einsatzgebiete, die bisher der monofilen Schnur vorbehalten waren. Durch die feinere und sensiblere Angelei werden sich auch Ihre Fänge merklich steigern lassen. Dank der hohen Tragkraft der FireLine Crystal können Sie nun eine um ein Vielfaches dünnere Schnur benutzen. FireLine Crystal wurde zur besten neuen Produktinnovation 2007 weltweit gekürt.«

So geht das Gewunderwerke um die neue Wunderschnur überall auf der Welt. Rosenberger kann darüber nur milde lächeln. Es werde viel Branding und Marketing gemacht, sagt er. Mit anderen Worten: Wir wollen veräppelt werden. Bei der Crystal handelt es sich einfach um eine nicht eingefärbte geflochtene. Und er drückt mir eine Spule mit 500 Metern 0,12er weiß in die Hand: »Hier für Sie!«

Herstellungskosten 2,50 Euro sagt er dabei. Die Crystal kostet 30 Euro – bei einer Länge von 270 Metern. Aber wir wollen das wohl so haben. So, wie wir die Fische überlisten wollen, lassen wir uns willig von der Industrie überlisten, wenn sie uns nur glitzernd vorgaukelt, dass wir mit dieser Schnur oder jenem Köder endlich die ultimative Fanggarantie eingekauft haben.

Das muss so sein. Das soll genau so sein. Branding ist das Geschäft mit unserer Dummheit. Sie verkaufen uns einen Köder, der nicht ist, was er scheint. Warum soll es uns besser gehen als den Fischen, die wir zu fangen trachten und die wir unsererseits übers Ohr zu hauen versuchen?

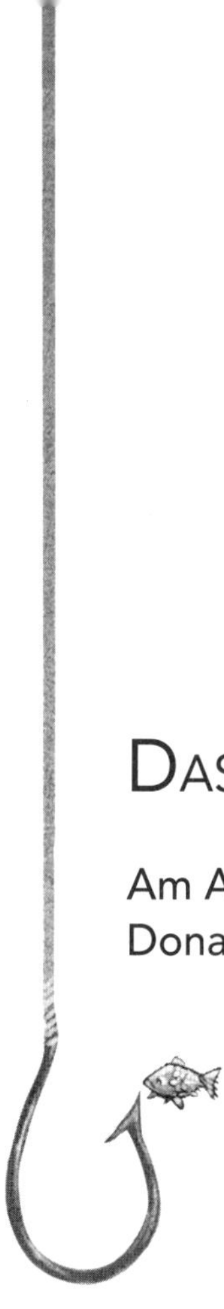

# Das Wels-Schaschlik

## Am Autobahnsee mit Donald Klein

Es war kein großes Problem, die Telefonnummer von Donald Klein zu bekommen. Die Kollegen vom *Spiegel* hatten mir außerdem gesagt, dass Donald Klein ganz gut auf den *Spiegel* zu sprechen sei, weil ihm die Berichterstattung damals geholfen habe.

Ich habe die Telefonnummer aber dann doch ein, zwei Wochen umschlichen, bevor ich mir ein Herz gefasst und den Hörer in die Hand genommen habe. Vielleicht hatte der Mann genug von Journalisten. Vielleicht wollte er durch nichts und niemanden an die Sache erinnert werden? Donald Klein war vor bald fünf Jahren für längere Zeit im Iran in Haft. Die Sache ging durch alle Zeitungen. Sein Bild, wie er auf einem Boot einen Barrakuda in die Höhe reckt und seinen Nacken mit einem Käppi mit einer Art Heckspoiler vor der brennenden Sonne schützt, es war in allen Zeitungen. Donald Klein war für einige Monate, 15 genau, Deutschlands berühmtester Angler, sein Fall beschäftigte die Bundesregierung und die internationale Diplomatie, nachdem er von Dubai aus mit einem gebürtigen Franzosen als Skipper etwa 50 Kilometer in den Golf hinausgefahren war und seine Frau sich schließlich Sorgen machte, als er spät in der Nacht immer noch nicht zurück war.

»Ja, kommen Sie vorbei. Wir gehen an unseren Autobahnsee hier in Lambsheim.« Donald Klein fremdelte kein bisschen. Meine Befürchtungen waren unbegründet. Zuerst hatte ich seine Frau am Apparat. Sie gab bereitwillig eine andere Nummer an, unter der sich ein Mann mit einem auffälligen Pfälzer Dialekt meldete. Donald Klein machte gar nicht den Eindruck, als ob er sich überfallen fühlte. Er wirkte so, als sei es selbstverständlich, dass sich jemand aus Berlin meldet und mit ihm angeln gehen will. Er stellte keine großen Fragen, wieso Buch, und wieso angeln, und wieso ich.

Er machte lieber gleich Nägel mit Köpfen. Ich solle ihm meinen Fischereischein als Kopie oder PDF-Datei mailen, er kümmere sich um den Gastangelschein, das Wochenende nach dem ersten Mai böte sich an, dann sei der Hecht frei, wir könnten also schleppen und es auf Barsch versuchen, und dann das Zelt aufschlagen und über Nacht auf Aal und Wels angeln, das könnten wir dann ruhig zwei, drei Tage am Stück tun. Er habe ein Zelt, ich solle am Abend vorher kommen, ich könne bei ihm schlafen, alles überhaupt kein Problem. Am nächsten Morgen ginge es los, ob ich eine Karpfenliege oder etwas Ähnliches hätte.

Ich war ziemlich überrascht, und mir war ein Stein vom Herzen gefallen. Nicht nur, dass Klein sich nicht überfallen fühlte. Er ging die Sache richtig offensiv an.

Die nächsten Tage meldete sich mein neuer pfälzischer Freund beinahe täglich. Meine Scheu war wirklich unbegründet. Er sagte, wir müssten auf ein anderes Wochenende ausweichen, weil an dem vereinbarten Vollmond sei, und bei Vollmond, »da hab ich noch nie was gefangen«.

Dann rief er an und sagte, er habe die Tageskarte gekauft, besser gesagt die Karte für die vier Tage. Dann druckste er ein wenig herum und sagte, also, er wolle ja jetzt nicht, aber nur mal so zum Überlegen, also natürlich könne man an den See an der nahe gelegenen A 61 gehen, klar. Aber er hätte auch nichts dagegen, für eine Woche nach Irland zu fliegen. Oder vielleicht Kuba oder, wie wäre es mit Mexiko? Oder auf Wels am Ebro in Spanien. »Ich habe Zeit«, sagt Donald Klein. »Ich sehe das Leben ein bisschen anders seither.« Er würde seinen Teil der Reise auch bezahlen, keine Frage, ob so was denn für mich auch drin sei.

Ich war etwas verdutzt, versuchte aber, mir nichts anmerken zu lassen. Ob er denn nicht arbeiten müsse. Klein war Bildhauer, Steinmetz in Lambsheim, die Grabsteine in dem Ort kommen schon in dritter Generation aus dem Hause Klein.

»Wissen Sie«, sagte er am Telefon, »ich bin dem Teufel zwei- bis dreimal von der Schippe gesprungen. Da sieht man das Leben anders.« »Annersch« heißt das auf Pfälzisch. Erst die Sache da im Iran, dann der Krebs, »ich seh die Dinge etwas anders«, sagt er, und es klingt wieder wie »annersch«. Der Mann macht mich immer neugieriger.

Ich schaffe es, ihn von Irland und Kuba fürs Erste abzubringen und einen gemeinsamen Angeltag an seinem Autobahnsee anzuvisieren.

Am Donnerstagabend komme ich später los als geplant. Zu Hause schmeiße ich noch schnell meine Ruten und die kleine grüne Utensilienkiste ins Auto. Den Schlafsack und die aufblasbare Isomatte musste ich eine Weile im Keller suchen. Schlafsack und

Isomatte hatte ich schon sehr lange nicht mehr benutzt. Die Fahrradtouren, bei denen meine Frau Ulrike und ich mit Kocher und Zelt und Isomatte losgefahren waren, lagen schon länger zurück. Wenn wir jetzt losfuhren, gönnten wir uns immer ein schönes Hotel am Ende einer Etappe.

Ein Hotel, das will ich jetzt auch ansteuern auf der Fahrt nach Lambsheim. Ich halte an einem Rastplatz und rufe Donald Klein an. Es werde später, bis ich in die Pfalz komme, Mitternacht vielleicht. Ich würde mir unterwegs ein Hotel nehmen und dann in der Früh die restlichen Kilometer fahren, schlage ich Klein vor.

Nein, nein, widerspricht er. Das sei schon in Ordnung, bis Mitternacht könne ich gut kommen, seine Frau gehe ohnehin um neun ins Bett und er erst gegen Mitternacht, ich solle mir also keine Sorgen machen. Ein Hotel, das sei doch nicht nötig.

Also fahre ich weiter, und weil alles gut läuft, stehe ich nach gut 600 Kilometern gegen elf Uhr vor einem Haus in einer kleinen Straße in Lambsheim, an dem ein Holzbrett angebracht ist mit der Aufschrift »Donald Klein Bildhauer«. Ich bin also richtig.

Ein Hund fängt fürchterlich an zu kläffen, als ich klingele, und das kleine Tier, das, wie ich erfahre, Silly heißt, springt mir lebhaft um die Füße, als Donald Klein die Tür öffnet.

Auf dem Hof stehen einige Steine, im Eingangsbereich Skulpturen und eine erotische Plastik aus Eisen. Im Esszimmer hat Klein noch einen ganzen

Abendbrottisch vorbereitet. Er macht sich ein alkoholfreies Bier auf, er trinke keinen Alkohol mehr, sagt er, er habe das mal übertrieben.

An der Wand des Wohn-Esszimmers hängt ein Bild, das Wassertropfen auf einem roten Grund zeigt. »Tausend Tränen nur für Dich« steht in einem schmiedeeisernen Schriftzug darauf. Klein ist ein hagerer Mann mit einem Zappa-Bärtchen, dessen spitz zulaufendes Kinnteil er beim Reden gerne nach unten glatt streicht. Dieses Zappa-Bärtchen trug er auch schon auf dem besagten Barrakuda-Foto.

Wer weiß, wie das Leben von Donald Klein verlaufen wäre, wenn er nicht eines Tages bei einer Tante in den USA nach einer Angelrute gegriffen und den gestreiften Barschen des nahen Sees nachgestellt hätte. Er hätte nicht all die Marline gefangen, von deren Drills er jetzt im Esszimmer erzählt, er hätte aber vor allem nicht jene Angelausfahrt am 29. November 2005 unternommen, von der er 15 Monate nicht zurückkehren sollte.

Wie in jedem Urlaub hatte Klein auch in diesem danach Ausschau gehalten, wie er rauskommt aufs Meer und zum Fischen. Schließlich stieß er bei seinen Erkundungen auf einen französischen Skipper, der bereit war, ihn für einen vernünftigen Preis mitzunehmen. Klein kannte das Geschäft und die Verhandlungen. Er war schon zum Hochseefischen in der Dominikanischen Republik, in Kenia, dreimal Mauritius. Jetzt also Dubai.

3000 Euro hatte Klein dem Skipper pauschal für zehn Tage gegeben. Die ersten drei Tage stürmte es, so dass sie ihre Ausfahrtversuche immer gleich abbrechen mussten, dann endlich beruhigte sich die See.

Am Morgen des 29. November brachen die beiden auf, Stéphane Lherbier, der Skipper, und Donald Klein, der angelnde Steinmetz. »Ich werde heute brauner als du«, hatte er seiner Frau prophezeit. Die Ereignisse, von denen Klein spricht, haben immer noch eine enorme Präsenz, er ist noch voll von den Eindrücken, die immer noch rausmüssen.

Sie fahren eine knappe Stunde hinaus aufs Meer in die Straße von Hormus. Das Angeln aber bleibt glücklos.

»So besonders viel Fisch ist gar nicht im Golf«, sagt Klein am Abendbrottisch. Es gibt deftige Pfälzer Kost, Schwarzwurst und Senf und Brot.

Schließlich schlägt der Skipper Lherbier vor, vor die Insel Abu Mussa zu fahren, die die Vereinigten Arabischen Emirate zwar für sich beanspruchen, die aber vom Iran zu Zeiten des Schahs besetzt und aus strategischen Gründen militärisch immer gehalten wurde. Ein Vorposten der Mullahs mitten im Meer.

Klein und Lherbier beobachten Möwen beim Sturzflug ins Wasser, immer ein sicheres Zeichen, dass Kleinfisch da ist – und wo Kleinfisch ist, da jagen auch die Großen. Tatsächlich fängt Klein auch zwei Barrakudas, einen davon fotografiert Lherbier in seinen Händen. Dieses Foto wird später um die

Welt gehen und zum Sinnbild eines diplomatischen Polit-Pokers um den Fischer Donald Klein aus Lambsheim in der Pfalz werden.

Plötzlich macht Klein etwas aus. »Du, ich glaube, wir kriegen Ärger.« Ein graues Kanonenboot nähert sich dem »Blue Marlin« der beiden Angel-Ausflügler. Klein und sein Skipper sehen sich drei Marinesoldaten gegenüber. Es geht höflich zu, als ein Offizier den beiden die ersten Fragen stellt und über Funk mit einem Vorgesetzten in Kontakt ist. Klein fragt den höflichen Offizier, welcher Nationalität er sei, das Kanonenboot war ohne Flagge aufgetaucht. Als er »Iran« sagt, wird Kleins Skipper ganz weiß im Gesicht. »Auch ich wusste jetzt, dass wir nicht mehr dort waren, wo wir sein sollten«, sagt Klein.

Es geht auf Mitternacht zu. Die Pfälzer Schwarzwurst ist aufgegessen, und dafür, dass Klein zu Beginn des Gesprächs immer den Eindruck machte, er wollte über die Sache gar nicht reden, redet er sehr viel darüber.

Kleins Erzählung ist wie ein schnell geschnittenes Video. Bilder entstehen vor seinem geistigen Auge, und so unmittelbar, wie er redet, entstehen die Bilder auch im Kopf des Zuhörers.

Klein muss Fürchterliches durchgemacht haben. Erst die beiden Gefängnisse des Geheimdienstes, die stundenlangen Verhöre, immer wieder der Spionagevorwurf, immer wieder der Verweis auf seine Bundeswehrzeit, sein angebliches Dasein als Oberst.

Zwanzig Jahre ist das her, dass Klein beim Bund war, Fallschirmjäger, »Zettzwo«, zwei Jahre, das haben viele damals so gemacht, weil es unwesentlich länger dauerte als die Wehrpflicht, aber ordentlich bezahlt wurde.

Damals war das von Vorteil, jetzt ist es eine schwere Hypothek. Es hilft Klein wenig, dass er sagt, er sei kein Oberst gewesen, sondern Leutnant und Hauptmann der Reserve, ewig her sei das, und wieso die Deutschen denn einen 52-Jährigen zum Spähen schicken sollten, der lange aus dem Geschäft ist und nicht einmal ein Fernglas an Bord hatte. Aber Lherbier hatte Fotos gemacht und die fängige Position mit dem GPS-Gerät markiert. Daraus versuchen die Geheimdienstler, Donald Klein einen Strick zu drehen.

Klein erzählt, wie er schließlich im Teheraner Evin-Gefängnis alle Hoffnung aufgegeben hatte. Er haderte mit den deutschen Behörden, fühlte sich verraten und verkauft, sieht bis heute Hans-Dietrich Genscher als den Mann an, der ihn rausgeholt hat, obgleich sich auch Bundespräsident Horst Köhler und Außenminister Frank-Walter Steinmeier in die Bemühungen eingeschaltet hatten. Seine Frau Karin redet bis heute wütend über Joschka Fischer. Den hat sie auf einer ihrer Iran-Reisen zu ihrem inhaftierten Mann vorne in der Business-Class sitzen sehen und hat ihn angesprochen. Er hat sie arrogant abgewimmelt. Er sei müde.

Donald Klein war der politischste Angler, den

Deutschland je hatte. Für ihn steht fest, dass die iranischen Behörden ihn als Faustpfand benutzten, um den Mykonos-Attentäter Kazem Darabi freizupressen, dem in Deutschland der Prozess gemacht wurde.

Todessehnsucht und tiefe Verzweiflung ergriffen Besitz von Klein. Zur entsetzlichen Haft kam zunehmend das mulmige Gefühl, dass etwas in seinem Rachenraum nicht stimmt. Der Reis blieb dort immer hängen.

Ob er seinem Vorsatz treu bleiben kann, der ihn bislang durch die Haft brachte? »Niemand bricht Donald Klein«, hat er sich wieder und wieder gesagt. Aber fast wäre es dann doch passiert.

Der Mullah, der immer auf einem Stuhl an der Ecke gesessen habe, der sei, sagt Klein »mein Tor zur Freiheit« gewesen. Erst allmählich wird klar, wie er das meint. Er hatte sich wieder und wieder ausgemalt, wie er dem Mullah einen Bleistift ins Ohr rammen würde, um dann für diesen Mord zum Tode verurteilt zu werden.

Seine Frau Karin redete in der Zeit viel auf ihn ein, sie telefonierten viel. Er versprach ihr, sich nichts anzutun, bis ans Ende der 18 Monate, zu denen er verurteilt war. Danach aber wäre Schluss. Nach 15 Monaten kam Klein frei. Er konnte es nicht fassen und glaubte es erst, als die Lufthansa-Maschine den Luftraum des Iran verlassen hatte.

Mit Kleins Fall wurde ein Hobby zum Weltpolitikum. Menschen, die der Angelei fern stehen, mögen sich fragen: Wie kann man so töricht sein, seine Existenz für ein paar Fische aufs Spiel zu setzen? Neben den Fragen von Strömungen und Wind übersieht diese Betrachtungsweise eines: Es gibt Leidenschaften, die können einen buchstäblich hinforttreiben, in diesem Fall ist dies mit schlimmen Folgen passiert.

Tatsächlich ist das Hochseefischen eine nicht ungefährliche und packende Angelart, deren Faszination sich kaum jemand entziehen kann, der es einmal versucht hat. Wer je das sture und unwirsche Rucken eines 30-Pfund-Dorsches am anderen Ende der 200-Meter-Leine bis in das Handstück einer zum U gebogenen Rute gespürt hat, will das wieder erleben. Wer je dieses unglaubliche Blau der Wasseroberfläche, auf dem sich die Sonnenstrahlen reflektieren, gesehen hat, in dem der Köder im glasklaren Wasser bis auf zehn, 20 Meter gut sichtbar eintaucht und hinabrauscht, der will das wieder sehen. Wer je in einen Makrelenschwarm geraten ist, der so plötzlich da ist, wie er wieder verschwindet, wer hinterher in einem Boot voller Fische steht und von oben bis unten mit glitzernden Schuppen übersät ist, wer je einen Lachs im Sprung erlebt hat und die Urgewalt, mit der er sich vom Haken befreit – nur der kann ermessen, was Donald Klein getrieben und letztlich abgetrieben hat. Raum und Zeit und eben auch Grenzen von Hoheitsgewässern zu vergessen, ist beim Fischen überhaupt kein Problem. Es macht sein Wesen aus.

Bis wir gegen ein Uhr zu Bett gehen, hat Donald Klein noch erzählt, wie er sich nach seiner Rückkehr für 500 bis 1000 Euro Blues-CDs gekauft hat und die nächsten Wochen nur mit dem Mazda Cabrio durch die Gegend gefahren ist, John Lee Hooker und Muddy Waters im Ohr, Musik, die nach großer Freiheit klingt und nach Stolz, aber eben auch nach Schmerz.

Danach kam der Krebs, dessen Vorboten ihm schon im Gefängnis zu schaffen machten, die Hauttransplantationen, die Bestrahlungen, die Angst, dass er wiederkommt. Das Leben schlägt manchmal zweimal zu.

Man merkt Klein bisweilen an, dass er Mühe hat zu sprechen und einen trockenen Mund. Das Schlucken bereitet ihm Mühe. Er artikuliert langsam. An seinem linken Handgelenk, da, wo die Schlagadern verlaufen, ist die Haut in einem Quadrat von vielleicht sieben auf sieben Zentimeter dunkel verfärbt. Dort haben sie ihm Gewebe entnommen, um es im Rachenraum und an der Zunge anzunähen.

Erst die Mullahs, dann der Krebs. Klein hat ein paar grundsätzliche Entscheidungen getroffen für den Rest seines Angelns und seines Lebens, was bei ihm beinahe aufs Gleiche hinausläuft. Nie wieder zum Fischen oder in den Urlaub, was bei ihm das Gleiche ist, dorthin, wo sie »Allahu akhbar!« schreien. Und nie wieder keine Zeit oder kein Geld zum Angeln haben. Wer weiß, wie lange es noch geht.

Seine Frau akzeptiert das. Sie ist froh, dass sie ihn

wiederhat und scheint ohnehin der Ansicht zu sein, dass Paare am glücklichsten sind, wenn sie sich nicht einengen, sondern die Freiheit lassen, das zu tun, was sie wollen. Sie hat einen wunderschönen Garten angelegt hinter dem Haus, der wiederum für Donald Klein nur dadurch interessant ist, dass man nachts auf dem nassen Rasen hervorragend Tauwürmer sammeln kann.

Klein zeigt mir auf dem Kaminsims vier Bronzestatuetten, die von Ferne ein wenig an die hageren Silhouetten von Giacometti erinnern. Es sind germanische Krieger, mit breiten Schultern und schmalen Hüften, Streitaxt und Speer in der Hand. Einer trägt einen Schild, auf dem in Runen »Tod den Mullahs« eingeritzt steht. Mit der Arbeit an diesen Figuren hat sich Klein in den Wochen nach seiner Haft selbst therapiert. Er hat sehr eindeutige Ansichten zum Islam. In der Haft hat er Gerhard Konzelmann gelesen und fünfmal Broders »Hurra, wir kapitulieren!«.

Der nächste Morgen am See. Die Luft ist nass und schwer, die Oberfläche liegt noch ruhig. Vom Autobahnsee in Lambsheim geht keine Gefahr aus. Man kann nicht abtreiben, und wenn, dann landet man im Fischerheim am Strand. Ruhig liegt der See vor uns.

Als wir die Utensilien von den Autos zu Kleins Boot tragen, streckt er mir die Hand hin und sagt: »Ich bin der Donald.«

Dann ist also das schon mal geklärt. Später werde

ich mitkriegen, dass sie ihn am See den »Oberst« nennen. Das geht auf den Iran zurück. Als »Colonel« haben sie ihn in den Verhören immer wieder angesprochen, obwohl er die Bundeswehr nur als Leutnant verlassen hat und dann ordnungsgemäß zum Hauptmann der Reserve gemacht wurde.

Der Oberst hat schweres Gerät dabei. Angeln ist eine Materialschlacht, nicht nur im Golf oder vor Kenia. Donald wuchtet eine Kiste nach der anderen ins Boot. Wie immer, wenn ich mit anderen zum Angeln gehe, komme ich mir schäbig vor. Meine zwei billigen Ruten, mein kleines grünes Kistchen, das neben Donalds Kisten aussieht wie das Kulturköfferchen einer Dame auf Reisen.

Mein Gastgeber wuchtet weiter einen Koffer nach dem anderen ins Boot, jeder einzelne so groß wie ein kleiner Kühlschrank, und reiht sie vor sich auf dem Boden auf. Es ist sein Munitionslager. Hunderte von Wobblern ruhen in den Fächern dieser Kisten. Es muss kein weiteres Wort darüber verloren werden, dass ich seine Ruten, spezielle Schleppruten fürs Boot, und seine Wobbler verwenden werde.

Donald hält mir einen Plastikfisch in Handlänge hin, er ist grau marmoriert und schlank und einteilig und steif. Zwei Drillinge baumeln an ihm herunter, einer unter dem Bauch, einer am Schwanzende. Vorne am Maul hat er eine Schaufel aus Blech, die ihn bei Zug auf Tauchstation gehen lässt.

»Da«, sagt Donald und reicht eines seiner Stücke zu mir in die Spitze des Bootes, »du probierst es mal mit der Grandma.« Ich halte das für einen Scherz, weil es sich um einen alten ehrwürdigen Wobbler handelt aus Großvaters Zeiten. Aber als ich später den Kunstköder einmal von Wasserpflanzen befreie, die er wie eine Schleppe hinter sich hergezogen hat, fällt mir an seinem Bauch ein Schriftzug auf. »Grandma« steht da.

Donald hat seinen E-Motor an der Bordwand befestigt und eine der vier mitgebrachten Batterien festgeklemmt. Lautlos und langsam gleitet das Boot durch das blaugrüne Wasser des Sees. Die Wobbler zerren leicht an den Ruten, eine habe ich in der Hand und versuche, nach Donalds Anweisungen, etwas Abwechslung ins Unterwasserspiel der Grandma zu bekommen.

Der harte Winter hat am See seine Spuren hinterlassen und seinen Blutzoll gefordert. Überall in den noch gelben Schilfgürteln dümpeln mit hellen Ballonbäuchen nach oben verendete Karpfen in den Stengeln. Immer wieder stinkt es schwallartig fürchterlich nach verwesendem Fisch.

Als ich gerade unter einem Baum platschende, lebende Kollegen dieser Wasserleichen beobachte, geht ein Ruck durch meine Rute, ganz kurz spüre ich den Widerstand eines Fisches, dann ist wieder nur der leichte Zug des E-Motors zu spüren, aber während ich noch die Enttäuschung unterdrücke, reißt Donald seine Rute aus dem Halter. Sie biegt sich beeindruckend für einige Augenblicke, dann ist der Zauber auch bei ihm vorbei.

Wir fahren wieder und wieder über die Stelle, aber die Ruten bleiben leblos. Grandma torkelt einsam und unbehelligt durchs Mittelwasser. Die geflochtene Schnur gibt die Bewegungen sehr schnell weiter, dass ich sie bis ins Handteil der Rute spüren kann.

Ansonsten säuselt leise der Elektromotor, und wir gleiten ruhig übers Wasser.

So geht es den ganzen Tag weiter. Nicht ein einziges Mal bekommen wir noch einen Kontakt zum Fisch. Wie langweilig, fänden wohl die meisten. Großartig, finde ich.

Zumal wir uns gut unterhalten, Donald viel von sich preisgibt. Es ist eine Erfahrung, die ich immer wieder gemacht habe. Angler wirken normalen Menschen gegenüber sehr verschlossen. Wenn sie aber einen der Ihren ausgemacht haben, dann werden sie sehr schnell warm miteinander und reden sehr offen. Das war bei Priang so, dem indonesischen Taxifahrer, der mich ein-, zweimal schon von zu Hause zum Flughafen gefahren hat, weil er in der Nähe von uns ins Lichterfelde wohnt. Das war mit Nico so, dem Fahrer des ZDF, der mich in aller Herrgottsfrühe durch Berlin fuhr, damit ich im Frühstücksfernsehen die Presseschau mache. Schon beim zweiten Mal, als Nico den Wagen über die Spree steuerte, kamen wir aufs Fischen zu sprechen. Seither gehen wir viel zusammen los. An die Spree, an den Halensee, an den Hundekehlesee, an die Krumme Lanke.

Einmal immerhin können wir beobachten, wie einer der Karpfenfischer am Ufer in einem Schlauchboot stehend sich mit einer enorm gebogenen Rute auf die Seemitte zieht und dort schließlich in einem Kescher, groß wie ein Fußballtor, einen Karpfen verschwinden lässt.

Bei uns tut sich weiter nichts, obwohl Donald das ganze Arsenal seiner Kühlschrankkisten zum Einsatz bringt.

»Warum machen wir das eigentlich?«, frage ich meinen neuen Pfälzer Angelfreund bei der siebten Runde um den See.

»Weil wir nichts fangen.«, sagt er ohne zu zögern. Es sei wie beim Zocken. Da glaube man auch an den großen Gewinn und lässt am Ende doch immer nur Geld liegen. Und trotzdem gehe der Zocker immer wieder ins Kasino, immer in der Hoffnung auf den einen großen Gewinn.

Die großen Koffer von Donald bergen die Hoffnung. Sie bergen die Hoffnung, dass man nur durch Zufall den richtigen Köder an das Vorfach hängt, auf den die Hechte an diesem Morgen Appetit haben. Donald wechselt alle fünf Minuten seinen Wobbler. Ich glaube nicht an die Magie des Wechsels. Ich glaube, dass entweder keine Hechte da sind oder dass sie keinen Hunger haben. Und gegen Appetitlosigkeit hilft der grellste und teuerste Wobbler nicht.

Wir machen eine Pause, irgendwann fängt der Rücken an zu schmerzen auf einem Boot. Flüsterleise, vom E-Motor getrieben, nimmt Donalds Boot Kurs aufs Ostufer, dort wo hinter einem grünen Vorhang aus Bäumen das endlose Band von Lastwagen und Autos auf der A 61 rauscht.

Dort baut Florian gerade sein Zelt auf, ein junger Kerl zwischen 17 und 20. Florian ist einer der Karpfenfreaks, von denen Donald vorher erzählt hatte. Er ist in eine Wathose geschlüpft und stochert mit den Stangen für seinen Rutenhalter im Wasser, um einen festen Sitz für sie zu suchen. Er bleibe bis Sonntag, sagt er. Es ist Donnerstag. Und die Freundin? »Klar, das gibt Ärger – aber egal.« Vielleicht komme sie mal vorbei. Die Dinge, das Angeln betreffend, scheinen geklärt zwischen ihm und ihr.

Florians Materialsammlung ist beeindruckend. Als er die beiden Ruten mit den klopapierhaltergroßen Rollen in der Halterung ablegt, frage ich ihn, was denn eine solche Ausrüstung eines Profis koste und was die beiden Metallschaukeln mit dem farbigen Wimpel unter den elektronischen Bissanzeigern seien, die zu fiepen beginnen, wenn die Schnur abzieht.

Er sei kein Profi, sagt Florian, aber es gebe Profis an diesem See. Profis wie Chris Ackermann, einen der besten Karpfenfischer Deutschlands.

Und der See sei ein Geheimtipp. Karpfen bis 60 Pfund, Karpfen, die immer wieder gefangen und wieder zurückgesetzt werden. Da ist »SmallEye«, der aus besonders kleinen Schweinsäuglein blickt, oder »RedEye«, der ein dauerentzündetes Auge habe. Und, ach ja, natürlich »Blackpoint«, ein Spiegelkarpfen mit einem schwarzen Fleck auf der Flanke. Schließlich noch »Koffer«.

»Koffer«? Wieso »Koffer«?

»Das weißt du dann schon, warum der so heißt, wenn du ihn am Haken hast«, sagt Florian.

In England haben sie im Jahr 2009 Benson beerdigt. Benson war ein 60 Pfund schwerer Karpfen, der von Fischern im Laufe seines Lebens mindestens so oft gefangen wurde, wie Pfunde seine Gräten ummantelten. Benson schaffte es auf die Seite eins der *Times,* als er tot war, und hinterher auch in den *Economist.* Legenden über seinen Tod rankten sich so schnell um ihn wie die Mythen um den Tod der Monroe oder John F. Kennedys.

Angeln an sich mag vielen Menschen wunderlich vorkommen. Professionelles Karpfenangeln wiederum kommt selbst herkömmlichen Anglern komisch vor. Bei den beiden Metallschaukeln übrigens handelt es sich um Bissanzeiger, die dann anschlagen, wenn der Fisch nicht Schnur abzieht und so die Pieper in Gang setzt, sondern auf den Angler zuschwimmt und damit die Schnur erschlaffen lässt. Allein für diese Bissanzeiger könne man bis zu 60 Euro ausgeben, sagt Florian. 60 Euro für eine Metallschaukel mit Plastikfahne. Ein echter Karpfenangler rückt ohne Probleme mit Material im Wert eines Kleinwagens am See an. Und das, um den gefangenen sanften Riesen auf einer glatten Plastikmatte, die seine Schleimhaut vor Verletzungen schützt, vom Haken zu befreien und dann wieder schwimmen zu lassen.

Nee, sagt Florian, er sei kein Profi. Die Profis, die kämen im Sommer mit ihren Zelten für zwei bis drei Wochen am Stück und verließen ihren Ansitz nur, um Nachschub an Bier oder Futtermittel zu besorgen. In seinem Boot fährt Florian dann einen großen Eimer mit Mais und anderen Ingredienzien auf den See, ganz oben drauf liegen bröselige Batzen aus einer hellbraunen Masse, die aussieht wie Hundefutter aus der Dose. »Thunfisch«, sagt Florian grinsend. Thunfisch ist der neueste Schrei als Lockmittel für »Koffer« und seine Freunde.

Es beginnt zu dämmern. Hinter Lambsheim senkt sich die Sonne. Bis auf den einen Karpfen und einen kleinen Barsch eines anderen Anglers auf dem See ist den ganzen Tag nichts am Autobahnsee gefangen worden. Jetzt muss der Wind herhalten und der plötzliche Kälteeinbruch. Irgendeine Erklärung muss es für das Unerklärliche eben geben.

Gegen nichts fangen hilft am Ende aber nur eines: Weiterangeln. Also macht Donald das Gerät für die Nacht fertig. Zwei Ruten für die Welsmontagen und zwei Ruten zum Aalfischen. Für die Aale kommen meine beiden Stecken endlich zu Ehren. Für die Welsangelei hat Donald zwei Ruten mitgebracht mit zwei Rollen daran, auf die eine geflochtene Schnur so stark wie ein Strick gewickelt ist.

Welsangeln ist nichts für Freunde des Filigranen.

Draußen auf dem Wasser hat Donald erst mit dem Echolot den Boden inspiziert und dann zwei Bojen verankert. An diese Bojen werden später mit einer normalen Angelschnur die Posen gebunden, unter denen im Mittelwasser der Köderklumpen für die Welse baumelt. Die Schnur trägt drei bis vier Kilo, aber wenn ein Wels beißt, dann reißt sie ab wie ein Bindfaden, und das soll auch so sein. Die Bojen sollen den Köder nur am Platz halten.

Wieder an Land, macht sich Donald daran, die beiden Köder vorzubereiten. Ich habe einmal einen Film darüber gesehen, wie ein Dönerstab manuell mit Fleischlappen bestückt wird, bevor er in den Grill montiert wird. Daran muss ich denken, als Donald sein Werk beginnt. Zunächst einmal – ein Wels ist nicht zimperlich – legt er vor sich einen Drilling von einer Größe, die eher an einen Enter- als an einen Angelhaken erinnert. Unter diesen Drilling wird noch ein riesiger Einzelhaken gebunden. Der ist der Haken, der eigentlich dafür da ist, im Maul des Fisches Fuß zu fassen. Der Drilling ist das, was dem Döner die Stange in der Mitte.

In einer Kiste mit nasser Pappe und Erde ringeln sich ein gutes Hundert riesige Tauwürmer, die Donald einen nach dem anderen an ihrem Geschlechtsring auf die drei Haken des Drillings spießt. Immer wieder kommt ein langer weißer Lappen Tintenfisch dazwischen. Wie beim Schaschlik. Die Tintenfische aus der Kühltruhe hat Donald vorher in Streifen geschnitten.

Als die drei Haken voll bestückt sind und wie als Stopper überall noch ein letztes Stück gummiartiger Tintenfisch drapiert wird, hebt Donald das sich in hundert Schwänzen windende Bündel in die Höhe und sieht ganz zufrieden aus. Viel hilft viel beim Welsangeln.

Wir schaffen es gerade noch bis Sonnenuntergang, die beiden Styroporposen an den Bojen festzubinden, die Ruten in die Rutenhalter zu stecken und die Schnur zu spannen. Ich schäme mich wieder ein bisschen, weil ich keine Stirnleuchte dabei habe. Nachtangeln ohne Stirnleuchte ist wie Küssen ohne Mund. Aber Donald hat auch daran gedacht und mir eine Lampe mitgebracht, die man sich wie eine Mütze aufsetzt, um die Hände frei zu haben und im Lichtschein arbeiten zu können.

Dann glüht bald der Grill, und Donald und Florian und Moritz (noch ein Karpfenfreak) beschäftigt vor allem die Hübsche vom Pizza-Bringdienst, die ja aber nicht kommen muss, wir grillen ja, und außerdem fischen wir.

Die Nacht verläuft ohne besondere Vorkommnisse, wenn man davon absieht, dass ich erleben muss, wie hart man doch auf diesen alten Isomatten liegt. Ich bin früh wach, während Donald in seiner Karpfenliege schnarcht. Kein Angler würde eine herkömmliche Klappliege nehmen, alle kaufen für viel mehr Geld diese olivgrünen Karpfenliegen, auf denen natürlich nie ein Karpfen liegt, sondern ein Karpfenangler, der schläft, bis sein Bissanzeiger piept und ihm anzeigt, dass es Zeit ist, »Koffer« oder einen seiner Kumpel aus dem Wasser zu ziehen – aber ich schweife ab.

Jedenfalls schläft Donald tief und fest auf seiner Karpfenliege, bis ich ihn wecke. Wir holen im Morgentran die Ruten ein. Nicht ein einziger Wurm ist abgefieselt vom Wels-Schaschlik. Die meisten Würmer leben zu meinem Erstaunen noch nach dem Nachtbad im See. Und weil so ein Wurmbündel, garniert mit Tintenfischstreifen, nach einer Nacht im Wasser in der Früh um fünf nicht eben ein appetitlicher Anblick ist, bin ich sehr froh, dass wir es nicht mit Hühnerdärmen oder Ähnlichem versucht haben.

Zwei Tage später bekomme ich eine Mail von Donald, die einen jungen Mann mit einer Baseball-Kappe, den Schirm nach hinten, am See zeigt, in seinen Armen ein Schuppenkarpfen von der Größe eines Hausschweins.

»Hallo christoph«, schreibt Donald, »moritz hat das monster am samstag gefangen knapp 52 pfund ich hätt'n filetiert zum anfüttern mag das ungeziefer halt nicht gruss

oberst«

# Beruf und Berufung

Neulich hatte ich in Leer in Ostfriesland zu tun und wartete auf den Zug zurück nach Berlin auf dem Bahnhof. Man darf sich den Bahnhof in Leer nicht übertrieben betriebsam vorstellen, und allzu viele Züge nach Berlin fahren auch nicht jeden Tag. Der nächste um 16 Uhr 54. Ich hatte also noch

20 Minuten Zeit und tat, was ich in solchen Momenten immer mache: Ich ging in den Buchladen und Zeitungskiosk am Bahnhof und steuerte wie von einem Magneten gezogen die Zeitschriftenabteilung an. Angelzeitschriften findet man entweder unter Sport oder Hobbys oder Tiere. Es war Dezember, der *Blinker* war gerade neu herausgekommen und titelte mit einer Geschichte über »Winterräuber«, die vom sagenhaften Huchen handelte, einem Edelfisch, gegen den sein Verwandter, der Lachs, sich ordinär wie ein Hering ausnimmt. Der Huchen bewohnt nur die Nebenflüsse der Donau und den Oberlauf der Donau selbst, aber das führt zu weit.

Jedenfalls tauchte ich tief in die Geschichte ein, war gebannt von den Erzählungen eines österreichischen Könners, der von seinen Drills mit diesen Torpedos der Donauflüsse erzählte. Vom Zug nach Berlin habe ich dann nur noch die Rücklichter gesehen und war erst zwei Stunden später als geplant wieder zu Hause.

Mein Bewerbungsgespräch bei der *Süddeutschen Zeitung* werde ich nie vergessen. Erstens, weil ich sehr aufgeregt war und so gerne zu dieser Zeitung wollte und ich mir ein Jackett angezogen hatte, und weil zweitens zwischen mir und dieser begehrenswerten Zeitung nur noch dieser Termin beim Chefredakteur Hans Werner Kilz stand.

Es gibt Menschen, die werden stumm, wenn sie aufgeregt sind. Bei mir stellt sich eher ein gegenteiliger Effekt ein. Was habe ich geredet, der arme Mann! Zehn Minuten, eine Viertelstunde schon, und die ganze Zeit von dem bevorstehenden Norwegen-Angelurlaub mit meinem Vater und den Erfahrungen vom letzten Mal. Meines Wissens hat Hans Werner Kilz bis heute mit Angeln nichts am Hut, doch er hörte zu und hörte zu und hörte zu.

Dann sagte er: »Ja, ich glaube, die Sache ist entschieden. Ich stelle Sie jetzt noch Herrn Sittner vor.« Das war sein Kollege aus der Chefredaktion.

Als ich einwendete, wir hätten doch noch gar nicht zur Sache geredet, sondern nur vom Angeln, lächelte Kilz milde und sagte: »Das können Sie ruhig mir überlassen, woran ich festmache, ob einer hierher passt oder nicht.« Das fand ich sehr nett natürlich, und sehr erstaunlich.

Es hatte mich hinfortgetragen bei diesem Einstellungsgespräch. Unsereins vergisst leicht alles um sich herum, wenn die Rede aufs Angeln kommt.

So wie im Sommer 2005, als der damalige stellvertretende Regierungssprecher Thomas Steg alle Hebel in Bewegung gesetzt hatte, dass ich an diesem Tag mit Gerhard Schröder nach München fliegen durfte in dem kleinen Challenger-Jet, nur er und ich und der Pilot und die Sicherheit und Steg.

Das war ein Privileg, und ich war ein bisschen aufgeregt, und Steg bot freundlicherweise an, dass wir gemeinsam in seinem Wagen zum militärischen Teil von Tegel fahren könnten, um dort auf den Kanzler zu treffen.

Was dann geschah, kann keiner schöner erzählen als Thomas Steg. Hier also sein Bericht.

## *Vom Angeln und der Politik*

»Es begab sich auf einer gemeinsamen Fahrt zum Flughafen Berlin-Tegel, als Schwennicke mich unvermittelt zu ignorieren begann und seine ganze Aufmerksamkeit auf eine Fachsimpelei mit meinem damaligen Fahrer konzentrierte. Es ging um Ruten, Blinker, Spinner, Wobbler, Pilker und dergleichen. Die beiden waren von einer nahezu fiebrigen Begeisterung erfasst, während ich dem verzückten Treiben nur verstört folgen konnte. Schien doch für mich bis zu dem Zeitpunkt das Angeln in etwa so prickelnd und ekstatisch wie Synchronschwimmen oder Eisstockschießen.

Aber es war nicht zu übersehen, der Korrespondent Schwennicke war in seinem Element, um nicht zu sagen: in einer anderen Welt, geistig eins mit sich und vielleicht nur noch mit Horst Hrubesch. Eine solche Form der inneren Ausgeglichenheit (und mag es nur eine Anmutung gewesen sein) findet man in der Politik kaum.«

Soweit Thomas Steg. Herr Koch, Stegs Fahrer, hatte übrigens wirklich eine Menge Ahnung vom Angeln, und wir haben uns immer wieder gerne darüber unterhalten, wenn wir uns trafen. So einen neuen Angelfreund hat man einfach fürs Leben, und Thomas Steg darf sich nicht beklagen: Den Kanzler jedenfalls habe ich dann in der Challenger nicht mit Fragen, die Pilker, Blinker oder Wobbler betreffen, behelligt.

Ewig dankbar bleibe ich Gerhard Schröder übrigens dafür, dass er in seiner Amtszeit noch festlegte, den G8-Gipfel im Jahre 2007 in Heiligendamm stattfinden zu lassen, und zwar im Mai. Es gab viele, viele Menschen, die aus guten und zu respektierenden Gründen gegen diesen Gipfel waren und ihrem Unmut ja auch so kreativ wie weitgehend friedlich Ausdruck verliehen, als Schröders Nachfolgerin Angela Merkel schließlich Blair und Bush und alle bedeutenden Regierungschefs der Welt Anfang Juni in die weißen Perlen an der Ostsee lud.

Ich war sehr stark für den Gipfel. Anfang Juni, Ostsee, klingelt da was? Was sagt man, was passiert, wenn der Raps blüht im Mai, bis Anfang Juni? Richtig, der Hornhecht kommt an die Küste, um dort zu laichen.

Ich versah also meine Amtsgeschäfte zügig in Heiligendamm, ließ mich von Polizeibooten übers Meer in den abgeschotteten Bereich schippern und wieder zurück, verteilte die Arbeit weitgehend an die mitgereisten Kollegen des Büros und machte mir dann vor allem Gedanken darüber, wie ich nun an Leber oder besser noch Gulasch käme.

Schweineleber oder Rindsgulasch, muss man wissen, sind echte Geheimköder für Hornhechte, ich finde Gulasch noch besser als Leber, erstens hält es besser am Haken und zweitens ist es nicht so eklig.

Na dann viel Glück, sagte die Verkäuferin an der Theke des Supermarktes in Kühlungsborn, als ich ihr erzählt hatte, wofür ich die 200 Gramm Gulasch brauchte. Dann fuhr ich los. Von Kühlungsborn bis auf die Insel Poel sind es etwa 80 Kilometer. Ich liebe diese kleine Insel, und ich bin ein anderer Mensch, wenn ich über die Brücke fahre, die die Insel vor der Industriekulisse von Wismar mit dem Festland verbindet. Als ich sie das erste Mal passierte, strich gerade ein Seeadler darüber, als hätte ihn der örtliche Fremdenverkehrsverband zur Begrüßung bestellt.

Der Wagen steuerte das Ziel fast von allein an, er war schon öfter hier mit mir. Beim Leuchtturm im äußersten Norden des Eilandes geht es über Hunderte von Metern ganz seicht hinein ins Ostseewasser.

Ich parkte nach der letzten scharfen Rechtskurve und ging das kurze Stück bis zum Ufer, wo eine alte wacklige Treppe dabei hilft, die paar Meter Steilküste zu überwinden, um an den Strand zu gelangen. Weit draußen sah man schon ein paar Punkte an der Linie stehen, an der das helle Wasser ins dunkle übergeht, das ist die Kante, an der es tief wird – und an der der Hornhecht gerade stand. Die Punkte waren die Kollegen Hornhechtfischer.

In der Wathose watete ich schlurfend durch das seichte Wasser, Kurs auf die Kante, ein paar Schwäne grundelten hier, plötzlich klingelte das Telefon, der Regierungssprecher, ich hatte um Rückruf gebeten.

Ich sagte: »Guten Tag, Herr Wilhelm.« Ich hoffte, dass man das Glucksen und Platschen und Gurgeln nicht hören möge und stellte hochpolitische Fragen, das Klima und die Kanzlerin betreffend. Dann legte ich erleichtert auf und schlurfte weiter, bis ich die Kante erreicht hatte. In den Netzen und Beuteln, die sich die Angler mit einem Seil um die Hüfte geschlungen hatten, konnte ich schon ein paar glitzernde Fischleiber erkennen. Es ging also was. Heiligendamm könnte ein Riesenerfolg werden, schwante mir.

Drei Stunden später schlurfte ich den Weg schwerfällig und ausgekühlt wieder zurück, vier Hornhechte im Beutel. Zurück in der Ferienwohnung, die uns als Büro und Basislager diente, briet ich die Fische für die Kollegen. Wir aßen draußen auf der Terrasse, und sie behaupteten, es schmecke ausgezeichnet.

Die positive Wirkung eines solchen gemeinsamen Fischessens selbstgefangener Beute, die Förderung des Gemeinsinns eines solchen Abends kann gar nicht hoch genug eingeschätzt werden. Nie war das Büro so harmonisch wie an diesem Abend, und der Kollege vom Online-Ressort, der mit einem von der Sonne knallrot verbrannten Kopf aus den Feldern der Demonstranten wiederkam und echt hart gearbeitet hatte, wie man sehen konnte, bekam auch noch einen Happen. Wir waren sehr glücklich, ich am meisten.

In meiner Zeit als Korrespondent der *Süddeutschen Zeitung* in London hatte ich ein erfreuliches Erlebnis und ein weniger erfreuliches, wie man Beruf und Berufung unter einen Hut bekommen kann. Im *Guardian* hatte ich davon gelesen, dass auf den Shetland-Inseln ganz im Norden Schottlands, da wo es schon nicht mehr weit nach Norwegen ist, eine Dorschfarm erfolgreich damit sei, Kabeljau zu züchten – ein Durchbruch, eine Sensation, ein Ende des fetten Zuchtlachses, der als Einzelgänger im Grunde völlig ungeeignet ist für die Massentierhaltung. Hingegen der Dorsch: ein Schwarmfisch, träge, faul, gefräßig, ein Schwein des Meeres, und noch weißfleischig, was der Markt auf der ganzen Welt sehr zu schätzen weiß.

Ich war mir also der Tragweite dieser Meldung sehr bewusst und plante eine Reportagereise auf die Shetlands. Natürlich getrieben von journalistischem Interesse, aber auch von der Hoffnung, nach Dienstschluss den ein oder anderen Ausflug zum Hochseefischen zu machen. Die Shetlands, das hörte sich nach Fisch satt an.

Nun ja, die Wirklichkeit hinkt der Illusion eben oft hinterher oder eilt ihr voraus. Jedenfalls lernte ich nur einen Berufsfischer auf den Shetlands kennen, der hatte sich inzwischen auf Touristenausflüge zu sehr imposanten Vogelfelsen verlegt, in denen Tausende von Basstölpeln und Trottellummen brüteten und vor dem Felsen kreisten, sehr eindrucksvoll und einen Ausflug wert, bei dem man jederzeit aufpassen musste, nicht von oben unter Beschuss oder besser Beschiss zu geraten.

Der Fischer erzählte auf der Fahrt zum Felsen, dass er schon lange aufgehört habe, seine Netze auszulegen. Zu wenig Fisch um die Shetlands herum. Die großen Trawler, die in Lerwick im Hafen dösen, fahren so weit raus, wie er mit seiner Nussschale nie kommt. Der Rest an Fisch bleibt für die Robben, die es sich auf den Felsen gemütlich machen.

Die Geschichte über den alten Mann und seine Dorsche ist aber immerhin was geworden.

Ein anderes Mal hatte ich ein umgekehrtes Erlebnis. Ich sollte zu einem EU-Gipfel in Shannon in Irland, und ich nahm Quartier in einem wunderhübschen kleinen Städtchen namens Ennis, das ein gleichnamiger Fluss durchzog. Nun muss man wissen, dass Irland eine Art Paradies, der Himmel auf Erden für uns Angler ist. Hier darf man nämlich in jedem Fluss angeln, einfach so, es sei denn, es geht auf Lachs, dafür braucht man eine Lizenz. Aber sonst: freies Fischen, wo immer man will.

Natürlich hatte ich eine kleine Teleskoprute mitgenommen, man weiß ja nie. Und bei einer Ortsbesichtigung des Ennis, der sich durch den Ort schlängelte, entdeckte ich ganze Rudel an wunderschönen Bachforellen, die »brown trouts« heißen in Irland, eine Unterart. Ein Fisch von großer Schönheit. Drei von ihnen fing ich vergleichsweise schnöde mit Brotflocken, nicht sehr edel für eine Forelle, aber das waren sie gewohnt in der Stadt, und ein Aal, den ich unter einem Stein entdeckt hatte, fiel noch auf ein Stück Käse herein.

Also, man muss sagen, auch dieser EU-Gipfel in Shannon unter Leitung Bertie Aherns war ein voller Erfolg, jedenfalls aus meiner Sicht.

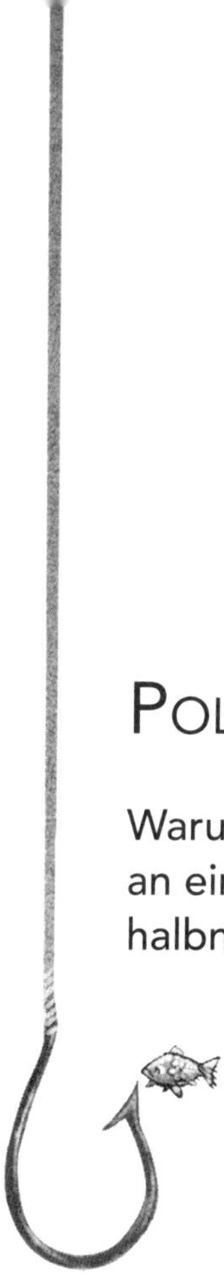

# Politik mit Karpfen

## Warum sich Angela Merkel an einen See stellt und Putin halbnackt auswirft

Sicherlich, George W. Bush hat es der Welt nicht gerade leichtgemacht, ihn zu mögen. Dabei muss man doch so sagen: Wäre dieser Mann, der auch im Alter noch aussieht wie ein kleiner dummer Junge, nicht Präsident der Vereinigten Staaten geworden, sondern zum Beispiel Autohändler oder Football-

Reporter, dann wäre wahrscheinlich alles in Ordnung gewesen.

Dieser Bush kann im Grunde kein schlechter Mensch sein. Er ist Angler. Als alle Augen nur auf seinen Nachfolger blickten, dem Tag der Amtsübergabe an Barack Obama, da hat sich Bush erst reglos auf der Tribüne vor dem Capitol, den Kopf tief in den Mantelkragen gezogen, all die Unverschämtheiten seines Nachfolgers geduldig angehört (»Wir werden jetzt alles anders machen …«), und während sich dieser Obama die Füße blutig tanzte durch die Nacht, bestieg Bush das nächste Flugzeug Richtung Texas, um sich auf seine Ranch zurückzuziehen.

Was er denn an seinem ersten Tag als Privatier machen werde, erzählte er einer Menge von 20 000 Menschen, die ihn am Centennial Plaza in Midland, Texas, begrüßten.

Er freue sich auf einen »relaxing morning in Crawford«, sagte George Walker Bush.

Und ein »relaxing morning« sieht bei George W. Bush so aus: Er werde, sagte Bush, früh aufstehen, dann seiner Frau einen Kaffee kochen, die Hunde füttern, einen Blick in die Zeitungen werfen, rausgehen, und dann ans Wasser zum Fischen. Das wird dann so gegen acht sein, beschied Bush. »That's what happens when you are a Type-A-personality.« Eine Typ-A-Persönlichkeit. Mag sein, dass er eine Zumutung war für die Welt. Aber im Sprücheklopfen macht dem guten George so schnell keiner was vor.

»See you in Den Haag!«, hat der Uralt-Grüne

Christian Ströbele George Bush Junior nachgerufen. Aber jetzt frage ich Sie: Wer erst seiner Frau einen Kaffee kocht, dann die Hunde ausführt und dann fischen geht morgens, kann das im Ernst ein schlechter Mensch sein? Wahrscheinlich schon, wenn man seine Amtszeit und die Welt danach betrachtet, aber für mich gelten da sofort mildernde Umstände.

Nun ja, man muss einräumen, dass der Despot als solcher eine gewisse Affinität zum Angeln aufweist. Es gibt diese Bilder von Wladimir Putin, auf denen er mit bloßem Oberkörper im Fluss steht und halbnackt auswirft. Ein Mann, ein Fluss, eine Angel – und Bizeps wie Berge. Eine Pose wie die eines Rockgitarristen im Solo – phallischer geht's nicht.

Auch von Helmut Kohl muss kurz die Rede sein. Über Helmut Kohl gibt es viele Anekdoten, eine sehr schöne handelt von seinem ersten Treffen mit dem indonesischen Diktator Suharto. Der Legende nach besuchte Kohl einmal den Regierungschef des Inselreiches und wartete auf seinen Gastgeber in einem Zimmer, in dem ein Aquarium stand, das er interessiert betrachtete. Alsbald gesellte sich ein Mann hinzu, mit dem sich Kohl dann über Fische und Aquarien unterhielt. Er wusste schließlich, wovon er sprach. Kohls Aquarium in seinem Dienstzimmer in Bonn war so legendär wie seine Münzsammlung auf dem Schreibtisch.

Der freundliche Herr, der ihm mit einem Gespräch über Fische die Zeit vertrieb, erwies sich als außerordentlich kundig und höflich, und schließlich, als Kohl nach einiger Zeit fragte, ob er denn nun den Hausherrn sehen könne, als Präsident Suharto höchstselbst.

So etwas verbindet. Einige Jahre später reiste Kohl in das Inselreich und wurde vor seiner Abreise aufgefordert, Suharto gegenüber harte Worte zu finden, weil dieser seit Jahren Ost-Timor besetzt hielt.

Stattdessen aber machten sich Kohl und Suharto auf zur Insel Bira in der Javasee und verbrachten dort einen gemeinsamen Angeltag.

Es ist nicht verbrieft, aber angeblich war bei diesem Angelausflug dem Zufall etwas nachgeholfen worden. Um keine staatspolitischen Verwerfungen hervorzurufen, sollen angeblich Taucher den beiden Anglern auf ihrem Bötchen Fische an den Haken gehängt haben, und nicht nur irgendwelche Fische, sondern Fische der exakt gleichen Größe.

Die deutsche Delegation machte aus dem Angeltörn den mitgereisten Korrespondenten gegenüber ein Staatsgeheimnis. Das nicht eben für Pressefreiheit bekannte Indonesien ging damit ganz anders um. »Soharto, Kohl, cast work aside«, stand über einem Aufmacher in der *Jakarta Post*. Sie ließen die Arbeit ruhen. Direkt daneben sieht man ein Foto der beiden in Freizeitkleidung, wie sie gerade einen Fisch aus dem Meer holen. Die entspannte Atmosphäre, berichtet die *Jakarta Post* weiter, sei noch besser geworden, als man die ersten Fische aus dem Wasser gezogen habe. »Viel Glück, und pass auf, dass dich kein Fisch frisst«, habe Suharto Kohl am Ende des Besuchs verabschiedet.

Alle vier Jahre, im Wahlkampf, entdeckt der Politiker den Angler.

Wer jetzt lacht, hat von Politik nichts begriffen, vom Fischen schon gar nicht. Es geht hier um eine ernste Angelegenheit, die Macht, und Millionen Menschen, die neben dem Wahlrecht auch noch eine Angellizenz haben.

Der Deutsche Anglerverband hatte Bundeskanzler Gerhard Schröder und Kandidatin Angela Merkel 2005 auf ihre spezifische Wählbarkeit hin abgeklopft. Der Fragenkatalog bietet ungeahnte Einblicke in angelpolitische Ansichten von Kanzler und Kandidatin. Angeln sei »ein besonderes Hobby und ein besonderer Sport«, gerade weil man ihm in der Natur nachgehe, befindet Schröder und schließt: »Ich habe leider nicht die Zeit dazu, was ich bedauere.«

Dem verhinderten Fischer Schröder stand eine Kandidatin gegenüber, die dem Angler ihre »persönliche Anerkennung« für ein Hobby aussprach, das »Geduld, Ausdauer und Können« erfordert, Gewässer erhalte und etwas für die Jugend tue.

Frau Merkel hatte übrigens unlängst Kontakt zum Fisch. In einer Sonntagszeitung bestaunte sie einen mächtigen Karpfen aus dem See eines Fischers ihrer Heimat. In Erinnerung ist auch ein frühes Foto auf einem Kutter, bei dem die junge Merkel zwei Flundern in den Händen hält.

Angeln, so fuhr die Kandidatin fort, sei ein wichtiger Faktor für Wirtschaft und Wachstum, und »gerade in der dramatischen Lage, in die Rot-Grün unser Land gebracht hat, gilt es solche Bereiche zu stärken«.

Beim Kormoran, dieser fliegenden Geißel der fischenden Menschheit, diesem Beelzebub des Baches, diesem Mordgesellen der Meere, da zeichnet sich bei Schröder und Merkel eine große Koalition ab, auch wenn am Kormoran bei Merkel irgendwie wieder die SPD schuld ist. Die CDU-Chefin hielt die Kormorane »wirklich« für ein »ernsthaftes Problem«, vor allem, weil »besonders in den rot-grün regierten Ländern keinerlei Verständnis für die Fischer« zu erkennen gewesen sei. Durch Regierungswechsel habe sich in diesen Ländern aber schon vieles zum Besseren gewendet. Schröder wiederum verweist mit Stolz auf das vor kurzem in schwarze Hände gefallene Nordrhein-Westfalen, in dem selbstverständlich noch die SPD-geführte Regierung auf die Notwendigkeit eines europaweiten »Kormoran-Managements« hingewiesen habe.

Sehr einig gaben sich Schröder und Merkel in der Frage des Wegerechts an Angelgewässern. Er könne nur empfehlen, im Gespräch am Ort praktikable Lösungen für alle zu finden, eine Regelung auf Bundesebene könne da nicht sachgerecht sein. Frau Merkel bemerkte, solche Angelegenheiten müssten »nach den örtlichen Gegebenheiten mit Beteiligung der jeweils Betroffenen entschieden werden«.

Als sie schließlich Schröder das Amt abgeluchst hatte, zeigte sie sich für eine Home-Story in der *Bild am Sonntag* einmal mit einem Karpfenzüchter in Mecklenburg-Vorpommern. Sie steht da in einer, nun ja, schmucklosen Hose und Turnschuhen und schaut auf den Spiegelkarpfen, als sei er vom Mars. Auf einem anderen Foto, viele, viele Jahre früher, im November 1990, um genau zu sein, hat sie sich, damals noch in einem bäuerlichen Kleid und einer kessen Kurzhaarfrisur in einer Fischerkate auf Rügen, zu Hause in ihrem Wahlkreis, fotografieren lassen. Das ist ein beinahe ikonographisches Bild von einer intensiv dichten Atmosphäre.

Merkels Gespür für Macht hat die heutige Kanzlerin übrigens schon in jungen Jahren an den Tag gelegt und in einen Angelverein geführt. Der Weg zum großen Ziel führt über einen Angelverein, erkannte die junge Angela, die in Hohenwalde fast unvermeidbar in der Nähe eines Sees wohnte.

Das große Ziel war für sie damals, auf diesem See bei Hohenwalde auch Boot fahren zu dürfen, das durften aber nur die Mitglieder des örtlichen Angelvereins. Also trat die junge Merkel, die damals noch Kasner hieß, dem Verein beherzt bei, und wo sie schon dabei war, wurde sie ihrer Erinnerung nach gleich Vorsitzende, jedenfalls Mitglied des Vorstands, veranstaltete und organisierte Fischerfeste, briet Aale und – fuhr ihr geliebtes Boot.

Den Angelverein gibt es nicht mehr. Aber das Gespür für Macht, der Ansatz, wenn schon in einem

Verein, dann doch lieber gleich Vorstand, hat Angela Merkel bis heute nicht abgelegt. Im Grunde hat sie es mit der CDU genauso gemacht wie damals mit dem Angelverein von Hohenwalde. Und nun ist das frühere Angelverein-Vorstandsmitglied von Hohenwalde Kanzlerin. Wir Angler kommen immer dorthin, wo wir wollen, selbst wenn wir gar nicht angeln wollen, sondern nur Boot fahren.

Eine Kanzlerin mit Angelschein. Deutschland ist weiter, als manche glauben.

Warum zeigen sich Politiker gerne beim Angeln oder mit Fischen? Es gibt möglicherweise eine unterschwellige Seelenverwandtschaft zwischen dem Fischer und dem Politiker. Johannes Rau, einer der erfolgreichsten deutschen Politiker, wurde immer ehrfürchtig der »Menschenfischer« genannt. Der Politiker muss den Wähler ködern, er muss ihn anfüttern, und fast möchte man vollenden: am Ende übers Ohr hauen.

Das ist überhaupt der Unterschied zur Jagd: Der Angler verleitet den Fisch zum entscheidenden Schritt, dem Biss. Ein Hirsch tut nichts aktiv und ist auch nicht überlistet worden, wenn ihn auf der Lichtung der Blattschuss ereilt. Er steht einfach da, zur falschen Zeit am falschen Ort – bumm, tot. Der Fisch aber will überlistet sein, und wir setzen alles daran, schlauer zu sein oder raffinierter als der schlaueste alte Moosrücken unter den Karpfen, oder der 1,20-m-Hecht, der seine Erfahrungen mit Blinkern und Köderfischen wie Piercings am Maul mit sich herumträgt.

Bis in die Umgangssprache hinein hat sich diese Besonderheit des Angelns hineingefressen. Der Finanzmakler »ködert« Kunden mit der Aussicht auf eine hohe Rendite, Marilyn Monroe »angelt« sich im Film einen Millionär, oder will es jedenfalls. Und Heinrich Heine schreibt über die romantische Schule der Madame de Staël, dass diese »nur aus einem Haufen Würmer bestand, die der heilige Fischer zu Rom sehr gut zu benutzen weiß, um damit Seelen zu ködern«.

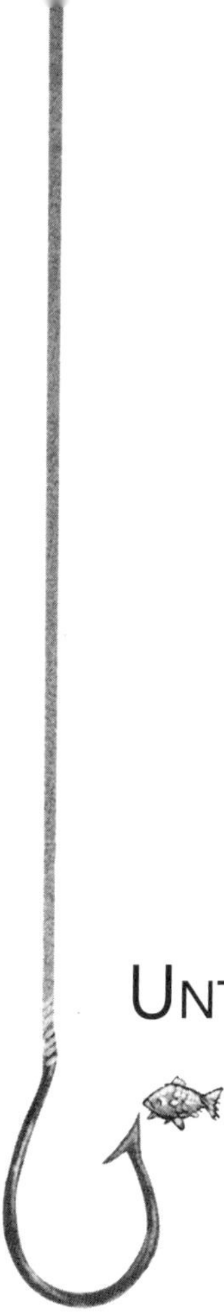

# Unter Männern

Ich habe mich immer gefragt, wie schwule Männer das machen. Wie sie dem andern zu erkennen geben: Du, ich glaube, wir haben etwas gemeinsam, wir könnten es doch mal miteinander versuchen.

Lange Zeit bin ich jedenfalls mit der Sache so verdruckst umgegangen wie Guido Westerwelle mit seiner Homosexualität. Der redet nie davon, schwul zu sein, sondern spricht immer nur von »meiner Lebensweise«.

Seit ich aber mein Coming-out hatte, geht alles viel einfacher. »Ich angle, und das ist gut so!«

Klar, bei den Frauen, da kommt dieses Bekenntnis, wie bereits mehrfach betrübt festgestellt, gar nicht gut an. Aber unter Männern habe ich damit fast nur gute Erfahrungen gemacht. Meistens ist es dann so: Die Männer, denen gegenüber man sich öffnet, rufen entweder ein entzücktes »Ach, du auch? Ich auch!« aus und reden dann über ihre letzten Ausflüge, ihre großen Erfolge, ihre Lieblingsgewässer oder die Schmuckstücke ihrer Ausrüstung. Oder aber sie bekommen so einen sehnsüchtigen Gesichtsausdruck und sagen, dass sie es auch schon lange einmal versuchen wollten, es sich aber bisher nicht getraut haben.

Also: Es gibt im Grunde nur zwei Sorten von Männern. Solche, die es schon tun, und solche, die es bald tun wollen.

In beiden Fällen des Kennenlernens findet etwas statt, das die Psychologen Bonding nennen. Man versteht sich sofort, ohne viele Worte. Männer unter sich. Kürzlich habe ich in einer Klinik ein Plakat einer Selbsthilfe-Männergruppe gesehen, das einlud zu einer Gesprächsrunde, in der man sich über alles, außer Sex, Autos und Häuser unterhalten wolle. Ich fragte mich ganz kurz, worüber die Männer, die dort hingehen, dann überhaupt reden wollen, und stellte mir schon eine kontemplative Schweigerunde vor. Am Ende aber werden sie dort vermutlich nur übers Angeln reden. Mehr bleibt an Möglichkeiten eigentlich nicht mehr übrig. Mir fällt jedenfalls nichts mehr ein.

Wie Nico und ich zum Beispiel zusammengefunden haben, das ist so ein ganz typischer Fall von Anglerliebe auf den ersten Blick. Mein heutiger dickster Angelfreund Nico fuhr damals fürs ZDF die Gäste des Morgenmagazins ins Studio und holte also auch eines Morgens mich sehr früh in unserer damaligen Wohnung in Mitte ab. Ich war noch völlig benebelt und eigentlich kommunikationsunfähig, aber als wir in der Nähe des Kupfergrabens über die Spree fuhren, da kam die Sprache wie von selbst aufs Angeln. Ich weiß nicht mehr, wie Nico darauf kam, zu erwähnen, dass es in der Spree viele Zander gebe und dass man dort gut angeln könne, jedenfalls sind mir diese Aussage und dieser Moment in bleibenderer Erinnerung als der anschließende Auftritt im Morgenmagazin.

Seit Jahren nun schon fische ich mit Nico zusammen in Berliner Gewässern. Zuerst an der Krummen Lanke und am Schlachtensee, später auch am Halensee und immer wieder unter einer Brücke an der Spree, ganz in der Nähe des Charlottenburger Schlosses. Ich habe in dieser ganzen Zeit keinen einzigen Zander gefangen, eine Schmach, mit der ich leben muss, aber das macht gar nichts, oder fast nichts.

Dafür habe ich mit Nico eine unverbrüchliche Freundschaft entwickelt, wie sie wohl nur unter Anglern zustande kommen kann. Wir leben zwar beide in Berlin, aber doch in komplett getrennten Welten, das macht am Wasser aber gar nichts. Es gibt immer genug zu reden, und wahrlich nicht nur über die Fische da unten im Dunkel der Spree und die Frage, warum sie heute schon wieder nicht beißen.

Wenn alle Menschen Angler wären, dann lebten wir in einer friedlicheren Welt, da bin ich mir ganz sicher. Nico ist in seinen Erzählungen jedenfalls ein ziemlich wilder Kerl, dem nichts Menschliches fremd ist, einer, dem die verrücktesten Dinge passieren und der Berlin von einer Seite kennt, die ich nie gesehen habe. Am Wasser aber ist er ein lammfrommer Kerl, und ich weiß genau, dass ich mich zu hundert Prozent auf ihn verlassen kann und dass er auf mich aufpasst, wenn Not am Mann ist, auch wenn er sich nicht einmal zu hundert Prozent auf sich selbst verlassen kann und auch nicht immer ausreichend gut auf sich aufpasst.

Es ist ein faszinierendes Phänomen, dass jene wortkargen und schwer zugänglichen Gestalten an den Seen und Flüssen, jene stummen Schrate, die aller Welt den Rücken zuwenden, mit einem Mal nahbar werden, sobald sie einen der Ihren im Gegenüber erkannt haben. Freundschaften entwickeln sich im Anglersoziotop in rasender Geschwindigkeit, und der Vorteil von Angelfreundschaften besteht vor allem darin, dass sie ohne viele Worte auskommen. Kein Anglerfreund ist beispielsweise beleidigt oder verschnupft, wenn man sich lange nicht gemeldet hat. Erklärungen werden nicht lange abgefragt, es wird schon seine guten Gründe haben. Schnell und ohne weitere Vorwürfe wendet man sich den wirklich wichtigen Fragen zu, zum Beispiel jener alles entscheidenden, wann man wo wieder zusammen zum Fischen gehe.

Diese vielleicht etwas romantisierenden Erzählungen von der Anglerfreundschaft an und für sich kollidieren möglicherweise etwas mit Erfahrungen, die nicht angelnde Mitmenschen gemacht haben, wenn sie Angler in größeren Zusammenrottungen erlebt haben, etwa bei einer Ostsee-Dorsch-Pilker-Ausfahrt, bei der die Bootsfahrt meist nur den Vorwand abgibt, alsbald Alkohol in beträchtlichen Mengen zu sich zu nehmen, was wiederum gerade bei rauherer See nicht ohne Folgen bleibt. Für diese überaus unästhetischen Ansammlungen befreundeter Männer unter dem Vorwand der Angelei soll hier ausdrücklich keine Partei ergriffen werden. Dafür gibt es keine Entschuldigung.

Neulich habe ich Herrn Koch wiedergetroffen, den früheren Fahrer von Regierungssprecher Thomas Steg. Er fährt inzwischen Christoph Steegmans, den Nachfolger von Steg als Vize-Sprecher der Regierung, der schwarz-gelben Regierung. Dessen Chef Guido Westerwelle und die Kanzlerin hatten gerade die wichtigste Pressekonferenz der Legislaturperiode im Haus der Bundespressekonferenz gegeben und gesagt, wie sie in den kommenden drei Jahren 80 Milliarden Euro einsparen wollen. Ganz großes politisches Kino.

Herr Koch wartete draußen an seiner dunklen Limousine auf seinen neuen Chef. Drinnen wurde eben das soziale Schicksal Deutschlands verhandelt. Draußen stürzte sich Herr Koch freudig auf mich und erzählte mir von seinem Angelausflug ans Gelbe Riff – auf Dorsch. Wenn es nur halb so schön war, wie Herrn Kochs Augen dabei glänzten, dann muss es ein ganz toller Ausflug gewesen sein.

Dann kam Kochs Chef aus dem Haus der Bundespressekonferenz, und es ging zügig weiter im Politikbetrieb, der niemals ruht. »Man sieht sich!«, rief mir Herr Koch noch zu, als er die schwere Autotür hinter seinem Chef schloss.

Ich habe in Herrn Koch einen echten Angelfreund. Herr Koch und ich, wir sehen uns oft lange nicht, aber wenn wir uns sehen, dann mögen wir uns wieder auf Anhieb und verstehen uns. Das bedeutet etwas, mehr als nur die Verbindung zwischen zwei Menschen, die eine Leidenschaft teilen und sich deshalb mögen.

Es gibt doch diese Yogischen Flieger, eine Partei, deren Programm daraus besteht, dass die Welt ein Ort des Friedens wäre, wenn nur ganz viele Menschen zu Yogischen Fliegern würden und in Meditation einen halben Meter über der Erde schwebten. Bei den Yogischen Fliegern habe ich so meine Zweifel, schon allein technisch. Ich bin aber ganz sicher, dass die Welt an dem Tag ein auf ewig friedlicher Ort wird, an dem der letzte bisher nicht angelnde Mann das erste Mal eine Rute in die Hand nimmt und auswirft.

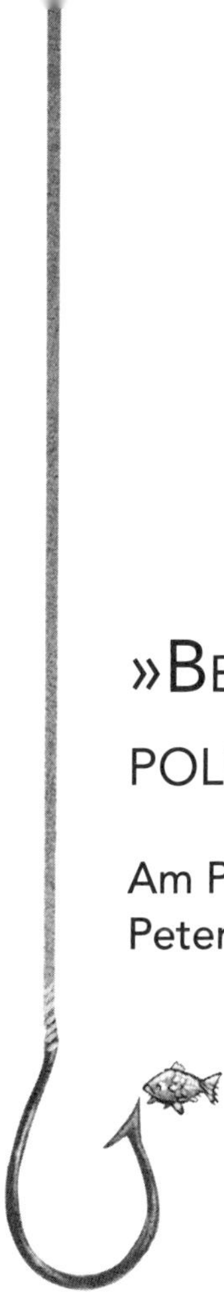

# »Besser als jede politische Prügelei!«

## Am Privatweiher mit Peter Ramsauer

Das Coming-out hatte sich auf den letzten Metern vom Esszimmer zur Tür ergeben. Irgendwie, ich weiß nicht mehr wie, war die Rede aufs Fischen gekommen, da riss Peter Ramsauer erst die Augen auf, und dann sein Handy aus dem Jackett. Er tippte darauf herum, hastig »Warten'S! Warten'S an Augenblick!«, sagte er und hielt mir dann begeistert ein Foto unter die Nase, auf dem eine Regenbogenforelle von beachtlicher Größe und ein Fisch, der aussah wie eine Bachforelle, tot im Gras lagen.

»Letztes Wochenende gefangen!«, triumphierte Ramsauer. Bei der vermeintlichen Bachforelle handelte es sich um einen Seesaibling, wie sich herausstellte. Saiblinge, Regenbogner, Karpfen, Schleien und Renken habe er in seinem See, sagte Ramsauer zum Abschied. Seine Augen glänzten wie den ganzen Abend über noch nicht. Ich erkannte sofort: Das ist auch einer. Das ist auch ein Süchtiger, einer, der unserer Sache verfallen ist.

Meine Frau und ich räumten noch ein wenig auf, leere Weinflaschen, die Reste des Fischeintopfs, ach ja, so waren wir darauf gekommen. Und beim Einschlafen dachte ich: Da schau her, der Ramsauer.

Es war ein netter Abend gewesen. Die Idee des Kollegen Günter Bannas von der *FAZ*, Hintergrundgespräche mit Spitzenpolitikern zu Hause bei einem gemeinsamen Essen abzuhalten, hatte sich wieder einmal als pfiffig erwiesen. Die Leute reden anders, wenn man das Brot mit ihnen bricht, es hat etwas Archaisch-Menschliches, wenn ein Gast die Schwelle des Hauses übertritt, dann schwindet Distanz, dann verändert sich die ganze Gesprächsatmosphäre, was natürlich nur geht, wenn die Vertraulichkeit gewahrt bleibt, weswegen über den Verlauf des Abends auch hier naturgemäß wenig stehen kann.

Jedenfalls war es in den darauffolgenden Tagen

kein übergroßes Problem, sich bei Peter Ramsauer gewissermaßen umgekehrt selbst einzuladen – für einen Tag an seinem See. Das größte Problem stellte noch der Terminkalender dar. Ramsauer war zu der Zeit Landesgruppenchef der CSU-Landesgruppe im Bundestag, damit im Range eines Fraktionschefs und immer dabei, wenn die Große Koalition zu ihrem Inner Circle zusammenkam. Eine herrliche Position, aber auch eine zeitraubende. Schließlich aber ist ein Samstag ausgeguckt, der Samstag unmittelbar nach der Europawahl.

Was haben wir für ein Glück. Der erste Flieger bringt mich von Berlin nach München, und die Sonne steht schon hoch über dem Chiemsee, als ich gegen halb zehn in die Mühlenstraße in Traunwalchen einbiege.

Schon hier beginnt mir zu dämmern: Dieser Ramsauer, der hat's gut. Entlang der Mühlenstraße fließt die Traun, ein Traum von einem Gebirgsfluss, etwas weiter oben steht ein Wasserkraftwerk, das vom Traun-Kanal gespeist wird, der wiederum oberhalb an einem Wehr von der Traun abgezweigt wird und unterhalb des Kraftwerks wieder in den Fluss mündet. Auf dem marmorierten Grund sind dunkle Schatten zu sehen, riesige Schatten, Schatten, die sich ab und zu bewegen. Die Forellen stehen in Reihen in der Traun und ihrem Kanal.

Familie Ramsauer sitzt noch am Frühstückstisch. Ramsauer war schon zu einem politischen Frühschoppen in einem Gasthaus, jetzt krachen die Semmeln, auf seinem Teller, dem Teller seiner Frau und den Tellern der vier entzückenden Töchter.

Wie gesagt, man darf sich Peter Ramsauer getrost als glücklichen Mann vorstellen.

Die Mädchen sind höflich, unverkrampft und machen den Eindruck, als seien Gäste, auch wildfremde, keine neue Erfahrung für sie. Ich mache ein paar Bemerkungen über das gute Wetter, aber dass das noch lange nicht heißen muss, dass wir was fangen. »Oh doch«, sagt eine von ihnen, »das steht fest, dass ihr was fangts.«

Das hört sich sehr gut an, aber ich gebe mir Mühe, mir von meiner Vorfreude nicht allzu viel anmerken zu lassen.

Im Garten der Ramsauers an der Mühlenstraße in Traunwalchen gibt es einen traumhaften Platz. Direkt an der Kante, die den Blick freigibt, hinein ins Urstromtal der Traun haben sie sich einen Grillplatz einrichten lassen mit Natursteinen und einem Blick auf die Alpenkette, dass man sich gar nicht satt sehen kann. Zu Füßen dieses Platzes liegt eine große Wiese, die von einem Streifen von Bäumen gesäumt ist, hinter dem man die Traun erahnt. Direkt zu Füßen des Sitzplatzes dem Kraftwerk entgegen, die Forellen sieht man bis hier oben.

Und mitten in der Wiese liegt ein fast kreisrunder Teich mit hellgrünem Wasser und einem Steg. Das ist Ramsauers Teich, er hat ihn anlegen lassen, er speist sich mit zwei Litern Frischwasser aus dem

Traun-Kanal pro Sekunde, er ist aufwendig renaturiert und mündet in einen zweiten kleinen Teich, in dem das Wasser wieder versickert. Eine künstliche Anlage, die die Natur lange schon angenommen hat. Die Frösche aus dem zweiten falschen Tümpelchen quaken so laut, dass man sie bis hier oben hört, die milchig-grüne Wasseroberfläche wird mitunter von einer muckenden Forelle durchbrochen.

Ich habe das starke Gefühl, wir müssen jetzt ganz schnell raus. Ramsauers Frau sieht es nicht so gern, dass ihr Mann in seinem feinen Ralph-Lauren-Hemd ans Wasser will, aber jetzt ist keine Zeit mehr zu verschwenden für irgendwelche Kleidungsfragen. Der Teich ruft.

Peter Ramsauer ist ein vollendeter Gastgeber. Das erste Mal habe ich das Gefühl, dass ich mithalten kann, was die Angelexpertise anlangt, dass ich vielleicht sogar ein bisschen Fachwissen hier hinterlassen kann und Ramsauer also von nun an noch mehr von seinem Teich hat als bisher.

Ich habe nur das Nötigste mitgebracht, das winzige Kistchen, das ich schon bei Donald Klein dabeihatte, ein paar einfache Ruten, bei denen ich keine großen Verlustschmerzen bekommen hätte, hätten sie den Transport im Flugzeug nicht gut überstanden. Und die ausziehbare Urlaubsrute, ein billiges, aber stabiles Allzweck-Ding, das etwas mehr Rückgrat hat als die Stippruten im Futteral. Ramsauer hatte ja auch von Karpfen gesprochen.

Auf dem Weg vom Flughafen nach Traunwalchen

habe ich noch zwei Dosen Mais beim Edeka gekauft, Ramsauers Frau hat uns einen Laib frisches bayerisches Brot überlassen, aus dem sich herrliche Kügelchen formen lassen, die gut am Haken halten. Ich packe meine Ruten aus und montiere die leichte Rute, mit der ich in Berlin sonst Köderfische fange, leicht um, die feine Pose bleibt, bloß ein stärkerer Haken samt Vorfach wird am Karabiner eingehängt. Und auswerfen.

Die erste Brotbolle ist noch nicht abgesunken, da segelt die Pose schon leicht ab und bleibt – forellentypisch – 20 Zentimeter unter der Wasseroberfläche stehen, man kann das im klaren Traunwasser hervorragend sehen.

Anhieb, und die erste Forelle hängt. Ihre Flanken blitzen in der Sonne, und wenige Minuten später kann ich sie über den flachen Kiesstrand an Land schleifen. Es sind prächtige Fische, die Ramsauer da in seinem Teich hat, knapp zwei Pfund schwer dürfte sie sein, mehr als nur eine Portionsforelle.

Im hinteren Teil des Sees kreuzen zwei recht beachtliche Karpfen, gefolgt von einer Schule Jungfische. Ramsauer sagt, dass er schon lange keinen Karpfen mehr gefangen habe. Die Forellen seien immer so schnell am Köder, dass die gemächlicheren Gesellen keine Chance hätten.

Das leuchtet mir ein, außerdem ist dem Karpfen Trubel ausgesprochen zuwider. Das unterscheidet ihn von seiner neugierigen Schwester, der Schleie. Wenn es platscht und spritzt, schaut sie gerne mal nach dem Rechten. Der Karpfen nimmt Reißaus. Er will Ruhe haben, wenn er grundelt und frisst.

Mit Mais habe er noch nie Fische gefangen an diesem See, sagt Ramsauer. Außerdem – und genau da sehe ich unsere Chance – gibt es nämlich für Karpfen überhaupt keinen besseren Köder als süßen Dosenmais, und solange nicht zu viele und zu große Weißfische in dem Gewässer sind, ziehe ich Mais als Karpfenköder jedem Boilie oder jedem Prekariats-Boilie aus Frolic vor.

Ich montiere also den Ugly Stick, die billige harte Urlaubsrute mit einer leichten Laufpose und einem starren Messinghaken für Karpfen und lege die drei aufgezogenen Maiskörner auf Grund. Der erste Biss kommt prompt, aber es ist eine Forelle, die Ramsauers Behauptung widerlegt, die Forellen verschmähten Mais. An der These hatte ich ohnehin meine Zweifel. Wieder lege ich die Rute hinten am Einlauf auf Grund und gehe zurück auf den Steg zum Forellenstippen.

Plötzlich segelt die Laufpose der Karpfenrute gemächlich, aber bestimmt ab. Ein Karpfenbiss, genau so beißt ein Karpfen. Ich lege einen Sprint auf die andere Seite des Sees hin, schlage an und spüre Widerstand – zunächst zähen, indifferenten Widerstand. Der Karpfen hat nach dem Biss das Gemüse am Grund durchpflügt und die Schnur um die Pflanzen gewickelt. Allmählich aber löst sich die Sehne unter sanftem Druck von mir auf der einen Seite und dem Zug des Fisches auf der anderen Seite aus dem Unterwassergestrüpp, und ich bekomme Fühlung zum Fisch. Man muss Karpfen auf dem Teller nicht mögen (ich mag ihn auch da), aber an der Angel ist er immer wieder ein Erlebnis.

Ich versuche mich möglichst gelassen zu geben, so zu tun, als sei das gar kein großes Ding. Mein neuer Angelfreund Ramsauer aber ist völlig aus dem Häuschen. Wer der Meinung ist, dass Politiker lahmärschige Säcke sind und für alles ewig brauchen, sollte einmal sehen, was mit Peter Ramsauer passiert, wenn ein Karpfen aus seinem See winkt. Den Kescher in der Hand, die Arme erhoben wie ein Elf kommt er durch das fast mannshohe Gras angespurtet und ruft: »Ach, herrlich, das ist besser als politische Prügelei! Wunderbar ist das!«

Dann steht er neben mir, und wie soll ich sagen: Wir sind ein prima Team. Er redet beruhigend auf mich ein (»laaangsam, gehen lassen, ja sooo, gaaanz ruhig, wieder gehen lassen, ja wunderbar, so ist's recht!«), und es dauert vielleicht zehn Minuten, und Ramsauer hat den Kescher sanft unter den Bauch des Fisches geführt. Er zieht an, der Karpfen sackt ins Netz. Geschafft.

In diesem Moment steht fest, dass ich nie mehr ein Porträt über Peter Ramsauer schreiben kann.

Es geht munter weiter den ganzen Nachmittag. Vom Sitzplatz oben beobachtet uns der Ramsauer-Clan, und später beim Kaffee wird klar, dass sie schon Sorge hatten, dass wir den Teich an diesem wunderbaren Tag ganz leer fischen.

Der Sonnenbrand im Nacken brennt wie Feuer, aber jetzt aufhören? Ich muss zugeben, dass nicht nur der Fangrausch, sondern auch Ramsauers Respekt dazu beiträgt, dass ich mich sehr gut fühle an diesem Tag. Nicht nur die mittlerweile zwei Karpfen (zwei weitere habe ich im Kraut verloren, obwohl ich mich ausgezogen hatte und ins Wasser ging, um die Schnur wieder aus den Fängen der Schlingpflanzen zu befreien), sondern auch ein Zander, der erste, den er nach dem Besatz wiedergesehen hat, haben zu diesem Respekt beigetragen. Außerdem sah er sofort, dass ich relativ gezielt werfen kann, und die Schleie auf den Mepps-Spinner, eine echte Überraschung, erfreute uns beide über die Maßen.

Dass eine Schleie einen Spinner nimmt, also einen künstlichen Fisch frisst, ist ungefähr so selbstverständlich, als würde sich eine Kuh auf der Weide ein Kaninchen oder eine Maus genehmigen. Alle drei Haken des Drillings hängen der goldgrünen Schönheit in ihren wulstigen Lippen fest. Es ist also kein Zufallsfang, der Spinner-Drilling hat die Schleie nicht von außen gehakt, sie ist wirklich auf das rotierende kupferfarbene Stück Metall losgegangen.

Ramsauers Fahrer, der in seiner Freizeit auch gerne am See ist, hat mir von Anfang an sehr gefallen. Er war mit dem Auto seines Schwiegervaters, einer alten S-Klasse, vorgefahren, W-126-Baureihe, so einen fahre ich auch. Der hat Stil. Es ist in diesem Fall der alte Wagen von Peter Ramsauers Vorgänger im deutschen Bundestag, unendlich viele Kilometer auf dem Buckel, betagt, aber ehrwürdig wie eh und je.

In dem alten Benz stand auf der Beifahrerseite eine grazile Fliegenrute. Eigentlich für den gelegentlichen Einsatz in der Alz. Jetzt aber schwingt Ramsauers Fahrer die Gerte elegant über den See und lässt die Fliege sanft auf der Oberfläche aufsetzen. Die erste Fliege beißt ihm eine gierige Forelle von der Schnur, die zweite überlistet alsbald ein prächtiges Tier.

Am späten Nachmittag schleichen wir uns an den Traun-Kanal. Er gehört zwar Ramsauer, aber das Fischrecht hat der Graf, das ist wie früher. Stellen wir uns also nur so vor, Peter Ramsauer würde das tun, was er schon als fünfjähriger Junge getan hat; unten am Wehr, da wo die ganz dicken Fische stehen, er würde die Schnur von der Hand nehmen, sich auf eine Stahlbrücke begeben, den Spinner zu Wasser lassen und direkt vor die Schleuse treiben lassen. Wenn er das täte, würde das passieren, was ihm schon als Fünfjähriger hier das erste Mal passiert ist: Eine wunderschöne Bachforelle, nicht unter zwei Pfund, würde sich auf den Spinner stürzen und in einer ersten Flucht die Schnur von der Rolle reißen, dass diese nur so pfeift. Dann würde sich die starke Bachforelle stur in der Strömung festsetzen, und man hätte alle Hände voll zu tun, sie dort so behutsam wie beharrlich wieder wegzukriegen.

Wie gesagt: nichts als ein feuchter Tagtraum. Es ist ja verboten, in dem Kanal der Traun zu fischen. Das dürfen nur der Graf und seine Gäste.

Abends, ich habe mich für die Nacht im »Oberwirt« einquartiert, hat Peter Ramsauer seinen Außenkamin angeheizt. Unten am Weiher quaken die Frösche, wir vertilgen mit Goran, einem alten Freund von Ramsauer, vier Fische in Folie, die mit frischen Kräutern und Olivenöl versehen sind. Die Schleie schmeckt uns am besten, gefolgt vom Zander, einer Bachforelle und dann einer Regenbogenforelle. Dazu ein Wein aus dem Friaul, von dem Ramsauer ebenso unermessliche Vorräte im Keller zu haben scheint wie Forellen im See. Immer wieder steht er mit einer weiteren Flasche auf der Terrasse, und zufrieden knackt der Kamin. Es wird recht spät.

Am Montag darauf erreicht mich eine Mail. Ramsauer musste sonntags nach Berlin, Unionsrunde im Kanzleramt, jetzt sitzt er im Fraktionsvorstand. »FV ist so öde«, schreibt er, »Fischen ist schöner.«

Kurz darauf schicke ich ihm die Fotos von unserer Strecke. »Fotos soeben bekommen, bin begeistert«, simst er anderntags aus dem Bundestag, als Außenminister Frank-Walter Steinmeier eine Regierungserklärung hält. »Zeige sie gerade rum. Interessiert die Kollegen viel mehr als der Steinmeier.«

Politiker sind auch nur Menschen.

# »Und was essen wir?«

## Der Fischer und seine Frau

Dass Frauen und Männer zwar reproduktionstechnisch füreinander vorgesehen, sich aber ansonsten wechselseitig ein weitgehendes Rätsel sind und immer bleiben werden, ist kein besonderes Phänomen des Angelsports, das ist allgemein bekannt. Dennoch lässt sich gerade am Fischen die strukturelle Unvereinbarkeit von Mann und Frau aufs Trefflichste studieren.

Zunächst einmal fällt auf, dass die Frau als solche das Angelgewässer nicht von sich aus sucht. Es gibt so gut wie keine Anglerinnen. Kaum eine andere Beschäftigung ist so sehr Männersache wie Fischen, selbst Motorradfahren ist dagegen eine heterosexuelle Veranstaltung.

Das Problem in Mischehen oder -beziehungen liegt also immer darin begründet, dass sie uns überhaupt nicht verstehen, unser Tun im besten Fall tolerieren. Mit gewissem Neid beobachte ich immer wieder Fischerkollegen, denen es immerhin gelungen ist, eine Interessengemeinschaft mit der Teuersten zu bilden.

Diese Interessengemeinschaft sieht dann meist so aus, dass mit dem Kombi so nah wie möglich an ein Gewässer herangefahren wird, die Gemahlin es sich in einem Klappstuhl nahe der geöffneten Beifahrertür strickend gemütlich macht und der Herr Gemahl unten am Wasser mit seiner Rute hantiert. Gemeinsam einsam, das ist die maximale Form des Angelerlebnisses, als Paar.

Ich habe es immer wieder versucht, meiner Frau die Sache schmackhaft zu machen. Ein Mal erzielte ich einen Teilerfolg. Ich ermunterte sie an jenem eingangs schon beschriebenen Fluss in Norwegen erfolgreich, an einer Stromschnelle einmal selbst den Spinner auszuwerfen und langsam wieder einzuziehen. Was soll ich sagen? Beim zweiten oder dritten Wurf schon hing eine Bachforelle an ihrer Angel, die sie jedoch nicht etwa elektrisierte, sondern für außerordentlich klein befand und am liebsten wieder zurückgeschmissen hätte.

Ein anderes Mal, in Schottland, gelang es mir, Tochter und Mutter auf ein Boot zu bugsieren und zum Makrelenfischen zu animieren. Makrelenfischen, das muss man wissen, ist eine todsichere Sache. Wenn man einmal in einen Schwarm, die groß sind wie Teppiche, geraten ist, kann man gar nichts dagegen tun, Fische zu fangen. Es ist wie Schicksal, unvermeidlich, die futterneidischen Viecher stürzen sich auf alles, was sich bewegt.

Meine Tochter fand auch großen Gefallen an dieser Art der Angelei mit Erfolgsgarantie. Sie ging nur irgendwann dazu über, es mir zu überlassen, mit meiner Angel auszuloten, wann der nächste Schwarm da war. Ich war eine Art Vorkoster. Bis dahin ließ sie die Angel ruhen. »So macht Angeln Spaß«, befand sie trocken, »aber nicht, wenn man nichts fängt.«

Meine Frau hat die ganze Tour über nicht einmal eine Rute in die Hand genommen. »Dann hätten wir ja noch mehr gefangen«, sagte sie zur Begründung.

Damit sind wir bei einem weiteren unüberwindbaren Problem. Frauen finden immer, dass wir entweder zu wenig oder zu viel, aber nie die richtige Menge Fisch fangen. Entweder wir sind maßlos oder unfähig. Könnte es sein, dass sich ihre Urteile über uns in unserem Hobby spiegeln?

Ein Beispiel: Mehr als zwei Stunden stand ich in besagtem Schottland-Urlaub an einer Steilküste bei einem Leuchtturm und hatte schon einen tauben Arm vom Werfen. Nichts, gar nichts. Dann wechselte ich den Standort und spürte direkt nach dem Einwurf dieses wilde Durcheinander am anderen Ende der Leine. Makrelen haben keine Schwimmblase und deshalb eine sehr unruhige Art zu schwimmen. Sie sind wie Fische mit ADS.

Als ich herangekurbelt hatte, pflückte ich ein Full House von den Haken. Alle fünf Federn waren besetzt und den schweren Pilker, den ich mehr als Wurfgewicht denn als Köder eingesetzt hatte, hatte auch noch eine Makrele mit ihrer Anwesenheit verschönert.

Sechs normal große Makrelen, natürlich reicht das mit einem Schlag fürs Abendessen. Aber wer kann da schon aufhören, nach zwei Stunden Ödnis und dann plötzlichem Paradies. Also fischte ich weiter, wechselte sogar die Fünferkette Federhaken gegen einen Dreier aus, um nicht allzu viele bei einem Wurf zu erbeuten.

Ich fand mich mit einem Wort ungemein vernünftig, als ich schließlich bei kaum 20 Makrelen aufhörte, also nach etwa fünf bis zehn Minuten. Der Schwarm war immer noch da, ich konnte sie alle haben, und ich trat den Heimweg an. Ich war sehr stolz auf meine Selbstbeherrschung.

Meine Frau war das nicht. Was wir denn mit den ganzen Fischen machen sollten, fragte sie vorwurfsvoll, als ich zu Hause angekommen war. Ich versuchte kurz, mich zu rechtfertigen, erfolglos, und begann dann reumütig zu filetieren, erfolgreich. Die folgenden sieben Tage gab es jeden Tag gegrillte Makrelenfilets. Kalt aufs Brot, zu Salat oder einfach so.

Bis zu diesem Urlaub mochte meine Frau Makrelen sehr gerne. Sie hat sie immer wieder freiwillig zu Hause auf den Grill gelegt. Ihr Verhältnis zur Makrele hat sich mit diesem Schottland-Urlaub grundlegend geändert.

Ich glaube, was den Frauen am Fischen missfällt, ist ein gewisser unwägbarer Determinismus. Eine Abhängigkeit von einer Tätigkeit mit tausend Unbekannten. Das fängt beim Einkauf an. Soll man nun etwas fürs Abendessen besorgen, oder kann man damit rechnen, dass es nach dem Angelausflug Fisch gibt?

Oder die Tagesplanung im Urlaub. Im Prinzip geht es nur um drei Stunden netto am Wasser, die wir uns ausbedingen. Aber diese drei Stunden bestimmen dann den Ablauf des ganzen Tages. Jetzt ist zu viel Wind, nachher ist Ebbe, und wenn Flut und Windstille wäre, wäre meine Frau am liebsten mit dem Auto in der nächsten Stadt.

So kommt es zu fundamentalen Wahrnehmungsunterschieden. »Den ganzen Urlaub geht es nur um dein Scheißangeln«, sagt sie.

»Jetzt bin ich einmal in diesem herrlichen Angelland und komme nie zum Angeln«, denke ich mehr, als ich es laut zu sagen wage.

Das Schlimme ist: Beide haben wir recht.

Im letzten Urlaub fragte mich meine Frau, ob es eigentlich je einen gemeinsamen Urlaub von uns beiden gegeben habe, in dem ich nicht geangelt hätte. Ich dachte scharf nach und wollte schon auf die herrliche Wanderung durch die norwegische Hardangervidda, eine Hochebene von großer Anmut, verweisen, da fiel mir rechtzeitig ein, dass ich selbst bei dieser mehrtägigen Tour mit Zelt und Rucksack noch den Angelwillen hatte, eine kleine Spinnrute in die Iso-Matte einzuwickeln und völlig erschöpft an einem See angekommen noch eine erfolglose Blinkerrunde um den See gemacht zu haben. Die Berichte über herrliche arktische Saiblinge in diesen Seen hatten mich nicht kaltgelassen. Wunderschöne Tiere und auch evolutionsgeschichtlich hochinteressant.

Sie sieht nur mein ständiges Bestreben darum, wie ich dem Urlaub einen weiteren Angelausflug abtrotzen kann, und ich erlebe nur permanenten Verzicht.

Einmal waren wir in Slowenien am Bled-See. Gut, ich bin ein, zwei Mal auch erfolgreich am See zum Karpfenfischen gewesen. Mir war aufgefallen, dass an einem Hotel direkt am Ufer ein Ausflugsboot nachts angestrahlt wurde und sich im Lichtkegel des Scheinwerfers große Rotaugen und Karpfen versammelten. Diese Beobachtung sollte sich als erfolgreiche Grundlage für mehrere morgendliche Fischzüge erweisen, wobei ich es mit der Auflage, dass man nicht vor Sonnenaufgang fischen dürfe, nicht so genau nahm.

Und, ja, in dem schön angelegten, liebenswert antiquierten Strandbad zu Füßen der Burg hatte ich vor allem ein Auge für die großen Karpfen, die in dem kristallklaren Wasser unter den Schwimmern ihre ruhigen Bahnen zogen. Nichts hat mich so beschäftigt, wie die Todesursache des angespülten Hechtes, der eines Tages an der Seeoberfläche zwischen den Badenden im See dümpelte.

Aber was ist das schon gegen die Entsagung, wenige Tage später einen Ausflug an die Soca zu machen, in der die weltberühmte Marmorata, die schönste und großartigste Forelle, heimisch ist, und wir laufen entlang eines Zuflusses der Soca auf einem Lehrpfad, sehen, wie sich der Sturzbach reißend seinen Weg durch den Fels bahnt, und ich sehe sie stehen, in einem ruhigen klaren Gumpen: groß, schön, erhaben. Und weder eine Angelkarte noch eine Rute zur Hand. Kann überhaupt jemand, der nicht angelt, ermessen, durch welche Höllenqualen man in solchen Momenten geht?

»Ist doch schön, dass *du* sie wenigstens gesehen hast«, sagte meine Frau mit einem Ton, in dem schon über den Sachverhalt einige Skepsis mitschwang. Sie jedenfalls hate wieder nichts gesehen, obwohl ich ihr genau beschrieben hatte, wo die Marmorata im Gumpen stand.

Zu Hause im Alltag sieht die Sache auch nicht

wesentlich besser aus. Die Probleme beginnen dort zum Beispiel bei unterschiedlichen Vorstellungen davon, wofür ein Kühlschrank gut sein kann.

Die Technik wird von uns Fischern über die Maßen geschätzt. Man weiß gar nicht mehr so recht, wie die Menschheit ein Leben ohne Biofresh-Zone bewältigt hat. Die Biofresh-Zone unseres Kühlschranks ist ein Wunder der Technik. Legt man etwa einen Salatkopf in dieses etwas über null Grad kalte Fach, so scheint das Blattwerk mit jedem Tag, der vergeht, noch frischer und knackiger zu werden. Kürzlich haben wir einmal Spargel, in ein feuchtes Tuch geschlagen, zwei Wochen in dem Fach vergessen – er schmeckte immer noch wunderbar.

Aber seine ganze Klasse spielt das Biofresh-Fach erst bei Fleischmaden aus. Diese Maden, die aus Eiern schlüpfen, die Fliegen in Aas legen, sind ein unschlagbarer Köder für Weißfische, und die wiederum braucht der Raubfischangler, wenn er Hechten, Barschen oder Zandern nachstellen möchte. Diese Maden gibt es in kleinen Plastikschälchen in jedem Angelladen zu kaufen, weil es zu fies wäre, selbst einen Klumpen Fleisch draußen in die Sonne zu legen und Tage später die Maden herauszupopeln. Alles hat Grenzen, auch die Ekelresistenz von Fischern.

Früher, vor dem Biofresh-Fach, dauerte es nur wenige Tage, bis sich die Maden in ihrem Sägemehl in der Plastikschale verpuppten und sich als Köder nicht mehr eigneten. Und immer wenn man sie brauchte, griff man nach dem Becher im Kühlschrank und musste mit Entsetzen feststellen, dass sich die kringelnden und windenden, possierlichen Tierchen in harte, schwarzbraune Chitinpanzer verwandelt hatten.

Meine Frau teilt grundsätzlich meine Begeisterung für das Biofresh-Fach als solches, nicht aber als Frischhaltelager für Fleischmaden. Der eine oder andere Vorfall hat die Fronten etwas verhärten lassen.

Man muss nämlich wissen, dass die Plastikschalen, in denen die Maden verkauft werden, nicht eben für die Ewigkeit gemacht sind und nach ein, zwei Einsätzen am Wasser schlecht zu schließen beginnen. Weiterhin muss man wissen, dass diese Maden einen großen Bewegungsdrang haben, der zwar von Kälte eingedämmt, nicht aber gänzlich unterdrückt wird.

Zuzugeben ist daher ohne Umschweife, dass sich diese Maden sehr schwer nur wieder aus den Salatherzen herausfummeln lassen. Ihr Schutzinstinkt vor Fressfeinden lässt sie in die hinterste Ritze des Blattansatzes kriechen. Es sieht auch gewöhnungsbedürftig aus, wenn man das Biofresh-Fach öffnet und feststellen muss, dass der Salatkopf lebt und sich regt.

Als meine Frau das erste Mal die Maden auf Wanderschaft im Biofresh-Fach entdeckte, kühlte sich ihr Ton ungefähr auf die Temperatur jenes Faches ab. Bis heute weiß ich nicht genau, warum sie mir nicht strikt verboten hat, je wieder meine Maden im Kühlschrank in der Küche zu lagern. Es kann sich bei der Ursache dieser Großmut nur um Liebe handeln und um das Wissen darum, was mir die ganze Angelei bedeutet.

Die Großmut stößt allerdings manchmal an Grenzen. Wir müssen noch einmal auf die Makrelen von Schottland zurückkommen. Als ich damals nach zwei erfolglosen Stunden und den dann folgenden erfolgreichen zehn Minuten meine Fischtüte in den Kofferraum des fabrikneuen Leihwagens legte, fiel mir nicht auf, dass die Plastiktüte ein kleines Loch aufwies, aus dem wohl etwas vom Fischsaft in den Nadelfilz des Kofferraums sickerte. Bestimmt nicht viel, ein Schnapsgläschen voll, allerhöchstens.

Nun gehört die Makrele zu den öligen und damit leicht verderblichen Fischen. In den kommenden Tagen breitete sich zunächst als dezenter Duft, dann zunehmend penetrant, ein, nun ja, etwas unanständiger Geruch in dem Golf aus, über den sich Ulrike sehr wunderte, von dessen Ursprung ich allerdings bald eine gewisse Ahnung hatte.

Ich versuchte es mit einer Ausflucht: »Neuwagen riechen ja oft etwas komisch, so fischig, vor allem, wenn die Sonne draufscheint, das liegt an den Kunststoffen, die dünsten dann noch diese Weichmacher aus.« In unbeobachteten Momenten aber schrubbte ich die Verdachtsstelle im Nadelfilz wieder und wieder aus – ohne jeden Erfolg. Am Ende blieb mir nichts anders übrig, als den ganzen Teppichboden aus dem Kofferraum herauszunehmen und in der Badewanne auszuwaschen, danach war alles wieder weitgehend gut. Jedenfalls hat der Mann vom Autoverleih bei der Rückgabe des Wagens nichts beanstandet.

Kofferräume von Anglerautos sind ohnehin eindrucksvolle Biotope voller Leben. Ein bleibendes Erlebnis etwa ist, wenn die Schachtel mit den Maden in einem heißen Sommer im Kofferraum aufgeht, sich die weißen Würmchen in die Ritzen der Karosserie verziehen, sich in der Hitze alsbald verpuppen und als schwarzer Fliegenschwarm das Auto bevölkern. Das Wunder des Lebens als Studierstück im eigenen Auto. Der Kofferraum als Brutkasten.

Es gibt keine Erhebung darüber, jedenfalls ist mir keine bekannt, die auswiese, wie viele Scheidungen aufs Angeln des Ehemannes ursächlich zurückzuführen sind. Fest steht, dass es sich um eine Tätigkeit handelt, die eine Ehefrau, bestenfalls still, duldet. Verstehen wird sie sie nie. Mir sind so gut wie nie angelnde Frauen begegnet. Wenn Frauen Angelvereinen beitreten, dann eher aus Not denn aus Leidenschaft. Jeder halbwegs ernstzunehmende Ratgeber empfiehlt alleinstehenden Frauen, die diesen Zustand ändern wollen, Mitglied in einem Angelverein zu werden.

Nirgendwo sonst herrscht ein Männerüberschuss wie im dazugehörigen Klubheim.

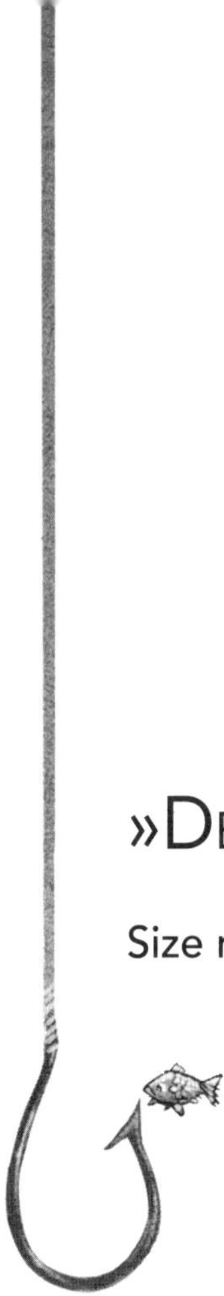

# »Der ist aber klein«

## Size matters

Mein Gott, sind die klein!«

Ulrike blickte mitleidig auf die drei bildschönen Bachforellen, die ich in ungeheurem Stolz vor ihr auf die Stufen unseres Ferienhauses im Setesdal in Südnorwegen gelegt hatte, und man wusste nicht genau, mit wem sie mehr Mitleid hatte: mit den toten Fischen, dem Fänger oder dem Abendessen. Bei mir jedenfalls wurde auch gleich alles kleiner, der Stolz, die geschwellte Brust und was weiß ich noch.

Verdammt, soll keiner behaupten, die Frauen machten sich nichts aus Größe. Dabei waren diese drei je etwa 20 Zentimeter langen Bachforellen mit ihren roten Tupfern auf den Flanken eigentlich ein Wunder, warum sah Ulrike das nicht? Mittags erst waren wir im Setesdal angekommen, es war unser erster großer gemeinsamer Natururlaub, der mit einer Woche Wanderung über die Hardangervidda weitergehen sollte und in der Hütte begann. Die Hüttenvermieterin hatte mir vor lauter schlechtem Gewissen, weil die eigentlich gebuchte Hütte nicht geklappt hatte, gleich eine Angelkarte für den Fluss mitgebracht und auch noch gesagt, welche Farbe der Spinner haben müsse (Kupfer mit roten Punkten, sonst ginge gar nichts), und ich hatte mich ohne jede Ahnung an die Stromschnellen unterhalb der seeartigen Verbreiterung des Flusses gestellt, an dem unser Häuschen einsam lag.

Normalerweise geht das nicht: neu am Gewässer, keine Ahnung von den richtigen Stellen und Beißzeiten. Und doch ruckelte es dreimal an der Rute. Und mit klopfendem Herzen brachte ich meine drei Schönheiten nach Hause.

»Davon sollen wir satt werden?«, sagte Ulrike. Sie war zu dem Zeitpunkt unserer Beziehung noch des irrigen Glaubens, dass man in erster Linie fischte, damit man Fisch essen konnte, und das Ganze günstiger, als wenn man zur »Nordsee« geht. Sie musste noch viel lernen. Dass man für die Angelutensilien ein Vielfaches dessen ausgab, was man an der Fischtheke für eine vergleichbare Menge Fisch bezahlt hätte. Dass man so viel Krimskrams haben kann, wie man will, dass man an jedem neuen Gewässer wieder neue Wunderspinner oder Wobbler oder Blinker kaufen musste, weil eben gerade die hier fingen. Dass man die Hälfte dieses Geräts dann abriss und wieder nachkaufen musste.

Und sie musste lernen, dass Bachforellen in einem nährstoffarmen Gewässer nicht viel größer werden als diese drei Fische, weshalb sie in dieser Zwergform auch »Steinforellen« heißen.

»Ach, das sind also so eine Art Krüppel«, sagte sie, bat mich um Mithilfe in der Küche (»Kannst du die bitte ausnehmen, das finde ich eklig«) und schlug vor, dass wir ein paar mehr Kartoffeln zu dem bisschen Fisch kochen.

Size matters bei Frauen, auch wenn sie immer anderes behaupten. Aber bei uns auch. Jeder will immer den Größten haben.

Wir hätten dafür keine Statistik und keine Erhebung gebraucht, der pure Augenschein hätte genügt, aber wo es die gesicherten Zahlen schon gibt: 98 Prozent aller Angler sind Angler und keine Anglerinnen, und leider sorgt das für Auswüchse wie den Anglerkalender, auf dem sich nackte Frauen mit Ruten in der Hand und in dunkelgrünen Watstiefeln so räkeln wie die Models auf der Motorhaube eines getunten Sportwagens. Wer's mag.

Aber nicht leugnen kann man einen gewissen erotomanischen Zusammenhang, der zwischen Angelei und Sex besteht, eine Behauptung, die stutzig macht und der sofort eine möglichst einleuchtende Erklärung hinterhergeschoben werden muss.

Es ist vielfach versucht worden, uns einzureden oder uns zu beschwichtigen, dass zwischen Genuss und Größe keinerlei Zusammenhang bestehe. Das ist natürlich kompletter Unsinn, und das weiß im Grunde auch jeder. Ein großes Schnitzel bereitet mehr Genuss als ein kleines Schnitzel, um es so zu sagen.

Den Größten haben zu wollen, das ist eine archaische Triebkraft des Mannes, die er offenbar ausleben muss. Beim Fisch ist das genauso wie beim Auto, wenn auch etwas weniger kostspielig – obwohl: Wer Tausende von Euro ausgibt, nur um einen Wels von 200 Kilo aus dem Po zu ziehen, ist möglicherweise stärker verstrahlt als jemand, der sich einen Pullman von Mercedes in die überlange Garage stellt.

Betrachten Sie sich einmal die Fotos in den Anglerzeitschriften, die auf so klingende Namen hören wie *Blinker, Angelwoche, Fisch und Fang* oder *Kutter und Küste. Rute und Rolle* ist mein persönlicher Lieblingstitel: *Rute und Rolle.* Das hört sich schon so herrlich unanständig an.

Vorne drauf stabreimen die Redakteure etwas

von »Dicken Dingern aus der Donau« oder »Lauter lange Lengs«, und zu sehen sind dazu Angler mit postkoital verzücktem Gesichtsausdruck, die einen »Barschbrocken« oder einen »kapitalen Karpfen« in die Kamera halten.

Dicke Dinger, immer wieder dicke Dinger. Fische sind auf diesen Bildern zu sehen, die an die Maße des Dirk Diggler, die Filmfigur aus »Boogie Nights«, erinnern, der von einem Pornoproduzenten beim gemeinsamen Stehen an der Zeile in der Herrentoilette entdeckt wurde.

Die Sehnsucht, die Fische noch größer zu machen als sie ohnehin schon sind, lässt Fänger und Fotograf zu einigen Tricks greifen, auch da ist die Illusionswelt des Porno keine falsche Referenz.

Alles, was man für einen Fisch außerhalb aller Dimensionen braucht, sind lange Arme und ein extremes Weitwinkelobjektiv. Hält der Fänger den Fisch nur weit genug mit abgespreizten Armen von seinem Körper weg (Blick immer zum Fisch, nie in die Kamera!), und der Fotograf nutzt die Verzerrung eines 15er-Objektivs – der Fisch wächst optisch über sich und jedes Maß hinaus.

Wir Normalsterblichen fangen solche Fische nicht, natürlich nicht. Es gibt sie so auch nicht. Und genau deshalb kaufen wir *Blinker* und *Rute und Rolle*«. Sie befriedigen unsere Sehnsucht und spielen mit unseren Trieben.

Das wirkliche Angeln verhält sich zu den Illusionswelten der Heftchen wie Porno zu echtem Sex.

Alles ist ein bisschen kleiner, weniger grell, weniger perfekt, es jagt nicht ein Höhepunkt den nächsten. Aber es ist real, es ist echt, es ist das wahre Leben. Unvollkommen, voller Rückschläge und Unbilden, aber umso schöner, wenn es doch mal klappt.

# Der Fischer als ästhetische Figur

In dem recht bezaubernden Buch »Die Eleganz des Igels« der französischen Autorin Muriel Barbery erzählt eine der beiden Hauptfiguren von ihrem verstorbenen Ehemann. Renée, eine Concierge in der Rue de Grenelle 7, einem herrschaftlichen Stadthaus in Paris, die nach eigenem Bekunden in den Morgenstunden einen »Mundgeruch wie ein Mammut« verströmt, diese Renée also charakterisiert ihren seligen Gatten, dieser sei »klein und dürr wie ein Ulmenstrunk« gewesen, er habe nicht getrunken, nicht geraucht, nicht geschnupft und nicht gewettet. »Zu Hause, nach der Arbeit, sah er fern, blätterte in Anglerzeitschriften (der erste Hinweis!, Anmerkung des Autors) oder spielte mit seinen Freunden aus der Fabrik Karten. Er war sehr sozial und lud gerne ein.« Und dann: »Am Sonntag ging er angeln.«

Am Sonntag ging er angeln. Die Autorin versteht es, in wenigen Sätzen ein Bild von einem Menschen zu zeichnen, und spätestens bei dem Satz zum Sonntag meint man, eine gewisse Vorstellung von diesem verstorbenen Ehemann zu haben. Langweilig, solide, zuverlässig. Unsexy, aber ein Mammut mit Mundgeruch braucht auch keinen sexy Ehemann.

Das Angeln hat in der Literatur und im Film einen festen Platz. Es gibt dabei kein Werk, das heranreicht an die Verfilmung der Erzählung von Ernest Hemingway »Der alte Mann und das Meer«. Spencer Tracy spielt die Rolle des alten Fischers Santiago großartig, der Film (ebenso wie das Buch) ist ein Epos, ein Epos, das von Entbehrung, flüchtigem Glück und Verlust handelt. 85 Tage schon hat der Fischer Santiago keinen Fisch mehr gefangen, als bei einer Ausfahrt ein riesiger Schwertfisch beißt, mit dem Santiago zwei Tage und Nächte auf hoher See kämpft, bis ihm die Haut in den Handflächen in blutigen Fetzen hängt. Der Fischer gerät in diesem Kampf Fisch gegen Mann in einen regelrechten Trance-Zustand, er spricht mit dem Fisch wie mit einem Freund, er schafft es schließlich, den Marlin zu töten und seitlich an seinem kleinen Boot zu vertäuen.

Auf dem Weg zurück in den Hafen fressen ihm Haie dann den Fang buchstäblich vor der Nase weg, er muss zusehen, wie aus seinem Marlin ein Skelett wird, das die Bewohner des Orts nach seiner Rückkehr in den Hafen gleichwohl voller Respekt bewundern, weil sie an dessen Größe ermessen können, welchen Kampf der alte Fischer Santiago gekämpft haben muss.

Leider, das hat mich schon bei Kinderfilmen wie »Michel aus Lönneberga« gestört, wird das Angeln im Film oft unglaublich dilettantisch dargestellt. Das ist so ärgerlich und so überflüssig. Nie geht ein Schwimmer im echten Leben so plump unter wie in diesen Filmen, und nie drehen Angler so linkisch an ihrer Rolle wie im Film.

Kann das den Filmschaffenden nicht mal jemand sagen: Es wird inzwischen gestorben im Film, so echt, dass man es manchmal gar nicht mehr aushalten kann. Der Filmkuss hat es zu einer großen Perfektion gebracht, und auch der fingierte Beischlaf wirkt so aufreizend echt, dass man Komplexe beim Zuschauen bekommen kann.

Warum soll es nicht möglich sein, eine Angelszene

einigermaßen echt aussehen zu lassen? Wir würden uns doch als Berater jederzeit zur Verfügung stellen. Jeder Schauspieler, der einen Walzer tanzen muss oder einen Sirtaki, bekommt vorher Tanzunterricht, warum wird ihm dann einfach eine Angel in die Hand gedrückt in der Annahme, das sähe dann schon von selbst nach was aus?

Es hat sich da seit »Michel aus Lönneberga« leider wenig getan. In »Transporter 3«, einem französisch-amerikanischen Actionfilm, den man sich anschauen kann, es aber ebenso gut bleibenlassen kann, wird eine Auto-Verfolgungsjagd filmisch reizvoll gegengeschnitten, mit einem angelnden Männerpärchen in einem Boot.

Diese Schnitttechnik ist spannend, zumal die Rasanz der Autojagd und die Kontemplation der beiden auf dem Kahn in reizvollem Kontrast stehen und die Dialoge auf dem Boot auch noch zu den Autoszenen passen.

Aber dann der Biss und die Aktion des Anglers: So kurbelt kein Angler, so pumpt kein Mensch.

Als einigermaßen vorbildlich kann die unsterbliche Komödie »Grumpy Old Men«, zu deutsch »Ein verrücktes Paar«, mit Walter Matthau und Jack Lemmon gelten. Dieses liebevolle Filmwerk mit seinem unerreicht subtilen jüdischen Witz handelt von John und Max, zwei halsstarrigen alten Knochen, die seit bald 40 Jahren nebeneinander wohnen, sich vordergründig hassen, aber eigentlich mögen und immer, nie zusammen, sondern immer jeder für sich, rausfahren an einen See zum Eisangeln. Dann sitzen sie da in einem Dorf aus Klohäuschen, die sich die Angler um ihre Angellöcher gebaut haben, und warten auf den »Big One« und träumen von der lebenslustigen Witwe Ariel, die in ihre Straße gezogen ist.

Es kommt zum Äußersten. Die neue Nachbarin geht mit zum Fischen und fängt unvermeidlicherweise den größten Zander, den sie in ihrer Tierliebe aber wieder freilässt, und weil Max mit ihr ins Bett will, muss er so tun, als fände er das auch noch gut.

»Grumpy Old Men« könnte Pate gestanden haben für die schrulligste Angelserie, die mir bisher untergekommen ist. In »Fishing with John« nimmt John Lurie, bekannt aus Jim Jarmuschs Filmen »Down by Law« und »Stranger than Paradise«, seine Kumpels wie Tom Waits, Willem Dafoe, Dennis Hopper, Matt Dillon und eben Jim Jarmusch mit auf Angeltrips rund um den Erdball. Allein die Episode mit Jim Jarmusch auf Hai-Angeltour vor Long Island ist für Angler wie Nicht-Angler ein Genuss. Morgens um fünf stehen sie auf, der Erzähler berichtet aus dem Off, dass das Wort »shark« vom deutschen Wort Schurke stamme, das er »Schurki« ausspricht, was auf Englisch »villain« bedeute.

Jarmusch bleibt bei diesem surrealen Ausflug in einer wundervollen Mischung aus Neugier und innerer Distanz. »Why am I here!?«, fragt er immer wieder, und es klingt wie ein Staunen über sich selbst und eine existenzphilosophische Frage über das Dasein an sich. »I kind of feel funny about it«, sagt er einmal wie aus dem Nichts. »About what?«, fragt John Lurie. »Fishing«, gibt Jim Jarmusch zurück.

Es gelingt nur sehr selten, die eigenartige Atmosphäre von Männern beim Angeln auf intelligente und zugleich komische Weise einzufangen. In »Fishing with John« – unterlegt mit sphärischer Musik und einem wunderbaren Kommentar aus dem Off des Erzählers ist es gelungen.

# SCHLUSS

Im Übrigen nur noch der eine kleine Hinweis: Alles wird wieder gut werden.

Die Welt und ihr Wohl liegen neuerdings in guten Händen. US-Präsident Barack Obama hat sich dafür entschieden, Paul Volcker zum Oberaufseher über sein Großbankenzerschlagungsprogramm zu machen. Volcker ist jetzt der Präsidentenflüsterer, wenn es darum geht, dass die Banken nicht wieder ihr großes Kasino eröffnen und hinterher die Steuerzahler in aller Welt dafür aufkommen müssen.

Volcker war schon einmal Chef der US-Zentralbank, die alle nur die Fed nennen – er war das so lange, bis ihn Ronald Reagan von diesem Posten weggeekelt hat, um einen gewissen Alan Greenspan dorthin zu setzen, einen Mann, der lange als der Gott des Geldes angebetet wurde und der heute endlich zugibt, dass er und seine Geldpolitik maßgeblichen Anteil am Kollaps des Systems hatten.

Volcker war immer skeptisch, ihm war, so liest man, der finanziell-politische Komplex immer suspekt, der fortan die Geschicke lenkte und die Finanzminister (bis hin zu Obamas Administration) stellte. Volcker hat fast 20 Jahre auf seine Rehabilitation und seine neue Chance warten müssen. Aber Volcker, der Zwei-Meter-Hüne, ist ein Mann, der warten kann, der auf seine Chance warten kann.

Guess what? Paul Volcker ist Angler.

Eine Kanzlerin mit Angelschein, ein Verkehrsminister mit eigenem Angelteich, ein Regierungssprecher mit Angelfahrer. Der erste Angelprofessor Deutschlands.

Wir wollten Hoffnung machen. Wir setzen uns durch, wir halten länger durch. Ich meine, Thomas Steg, der staunende Nicht-Angler, ist nicht mehr Regierungssprecher, sein Fahrer, Herr Koch, aber ist immer noch Fahrer – und Angler. Das hat er jetzt davon, der Steg. Hätte er mal eine Angelrute in die Hand genommen oder einen Angelverein mitgeleitet wie Angela Merkel.

Wir sind im Kommen, wir sollten uns nicht mehr verstecken und verleugnen. Treten wir aus dem Schatten, in den uns die Unwissenden stellen. Sagen wir ihnen: Ja, ich tue es, und ich tue es gern. Ich tue es, Rufus Beck tut es, die Weppers tun es, Harry Wijnford tut es, Marcel Reif tut es, Klaus Augenthaler, Miroslav Klose und Peter Handke angeblich auch. Willy Brandt soll es getan haben, was einer seine Söhne behauptet und einer bestreitet.

Das sind jetzt nicht alles Anwärter auf den Nobelpreis, aber nur Trollos sind es auch nicht.

Lassen wir uns also nicht länger stigmatisieren, sondern stolz sein. Wir haben uns nicht zu entschuldigen, wir haben keine schlimme Krankheit und keinen Dachschaden, wir sind schon da, wo andere vielleicht nie hinkommen, und die anderen begreifen es entweder noch, dann sollen sie uns herzlich willkommen sein. Oder sie können uns eben ebenso herzlich den Buckel herunterrutschen. Also Brust raus, Kreuz durchgedrückt und nicht den Kopf zwischen zusammengefallenen Schultern versteckt, wenn wir den Satz sagen: »Ja, ich angle!«

Ich danke in diesem Zusammenhang meinem Kollegen und vormaligen Chef Kurt Kister, einem Mann, der ein grundsätzliches fast anthropologisches Interesse an menschlichen Verschrobenheiten und Schrullen hat und mich vor Jahren ermuntert hatte, für die Wochenendbeilage der *Süddeutschen Zeitung* einmal einen Aufsatz übers Angeln zu schreiben.

Danken möchte ich außerdem insbesondere Robert Arlinghaus, Donald Klein, Peter Ramsauer und Christoph Scheuring für die gemeinsamen Angelausflüge für dieses Buch, ebenso wie Heinz Gerlinger von der Angelwelt Gerlinger und Sven Rosenberger von der Firma Liros für die Gespräche über ihre Unternehmen. Darüber hinaus möchte ich mich bei allen Berliner Kollegen, die mir mit Anekdoten und Anregungen weitergeholfen haben, bedanken.

Und schließlich danke ich meiner Frau Ulrike, die seit mehr als zehn Jahren den Nachweis erbringt, dass man mit einem Angler verheiratet sein kann. Die seit ebenjenen mehr als zehn Jahren so tut, als merke sie nicht, nach welchen Kriterien ich unsere Urlaubsziele aussuche, die zwar Maden immer noch nicht possierlich findet, aber es inzwischen als Kompliment begreift, wenn ich sage, dass ihre Gnocchi wieder ausgezeichnet geworden sind und sie sich vortrefflich als Karpfenköder eignen würden.

Wir haben einen jungen Professor kennengelernt, der sich gegen die Häme seiner Netzfischer-Forscher selbstbewusst und mit interessanten Forschungsergebnissen zur Wehr setzt.

Wir sind einem Steinmetz begegnet, den die iranischen Geheimdienste wegen seiner Angelleidenschaft gefoltert und verhört haben und der heute noch verrückter angelt als vor seiner Haft.

Wir sind einem Kisch-Preisträger begegnet, der der Eitelkeit unseres Medienbetriebs abgeschworen hat – weil ihm das Fischen eine innere Freiheit gegeben hat – und weil er einfach viel Zeit fürs Angeln haben möchte.

Wir sind mit einem Spitzenpolitiker fischen gegangen, der am See wieder zu dem kleinen Buben mutierte, als der er das Angeln einst an der Traun als Schwarzfischer begonnen hatte.

Ist das nicht ein beeindruckendes Ergebnis einer Suche nach dem Geheimnis unseres Tuns?

Wer es immer noch nicht begreifen will, dem sei zu guter Letzt ein Witz erzählt.

Gesellt sich ein Fußgänger zu einem Angler am See. Er wartet eine Stunde, er wartet zwei Stunden, er wartet drei Stunden. Es passiert nichts.

Dann fragt er den Angler: »Sagen Sie mal, gibt es eigentlich was Langweiligeres als Angeln?«

»Ja«, sagt der Angler ungerührt, »Zuschauen beim Angeln.«

Besser kann man es nicht sagen.

Von mir aus können wir uns auch darauf einigen, dass beides mehr oder weniger gleich langweilig ist am Ende eines Lebens. Aber wir haben dann wenigstens den Eisvogel gesehen am See und den Seeadler über dem Strom, der Poel vom Festland trennt.

# Weiterlesen

Das wäre eine schöne Überraschung: Wenn Angler mehr lesen wollen als nur das bisschen Anglerprosa, das als Text zwischen die Fotos der Angelzeitschriften fließt. Wenn jemand bis hierhin gekommen ist in diesem Buch und immer noch nicht genug hat, sondern noch mehr möchte. Und nur nicht weiß, wie die richtigen Bücher heißen. Hier ein Streifzug durch das Bücherregal, ungeordnet, aufgeführt nach dem Lustprinzip.

## *Mark Kurlansky: Kabeljau – Der Fisch, der die Welt veränderte*

Mark Kurlansky ist ein famoser Kollege, der nach einem einfachen, aber bestechenden Prinzip Bücher verfasst: Nimm ein Ding oder ein Phänomen, und beschreibe es als Kulturgeschichte. So hat er über das Salz und den Menschen geschrieben, über die 68er-Bewegung im globalen Kontext. Und über einen Fisch, der die Welt veränderte.

Um den Kabeljau sind Kriege geführt worden, dem Fisch sind schon die Wikinger hinterhergefahren, er wird bis heute auf Holzgestellen auf den Lofoten getrocknet und hinterher stocksteif als Baccalhau nach Portugal verschifft.

Dieses Buch ist so spannend wie ein Krimi, eine tragische Kulturgeschichte eines Fisches, und dabei so leicht und locker geschrieben, dass man neidisch werden möchte. Wer einmal auf Dorsch gefischt hat, wer diesen mächtigen Fisch aus der Tiefe geholt hat und aus der Nähe gesehen hat, der muss Kurlansky lesen.

Heute ist der Fisch vom Aussterben bedroht, vor Jahrhunderten wurde er mit Körben aus dem Wasser vor Neuengland und an der kanadischen Küste gezogen. Ein Kap (Cape Cod) ist nach ihm benannt, der Spruch »In God we trust« wurde von den Fischern auf den Fisch, der ihnen Lohn und Brot brachte, umgewidmet: »In Cod we trust.« Der sagenhafte Reichtum an Dorschen ließ den Fisch zu einer Gottheit werden.

Der Kabeljau war nicht nur ein Fisch der Wikinger, sondern auch anderer Seefahrer-Völker. Am 18. Dezember 1497 schickte Raimondo di Soncino, der Mailänder Gesandte in London, einen Brief an den Mailänder Herzog, in dem es über die Fanggründe vor der Küste Nordamerikas, den Grat Banks, hieß: »Das Meer dort wimmelt von Fischen, für deren Fang man keine Netze braucht, sondern bloß Körbe, die man mit einem Stein hinablässt, damit sie sinken.«

Wir lesen gierig von den Exkursionen des Seefahrers John Cabot aus Genua und späteren Abenteurern, Berichte, in denen von Fischen die Rede ist, »von Kabeljauen groß wie ein Mann«, noch im Mai 1895 hievte man vor der Küste von Massachusetts einen zwei Meter langen Kabeljau mit einem Gewicht von 190 Pfund an Bord.

Die Fruchtbarkeit des Kabeljaus erschien den Menschen unerschöpflich. »Wenn aus allen Eiern ungehindert Jungfische schlüpfen und sämtliche Jungfische heranreifen würden, so braucht es nach Berechnungen nur drei Jahre, um das Meer so anzufüllen, dass man auf dem Rücken von Kabeljauen trockenen Fußes über den Atlantik wandeln könnte«, wird Alexandre Dumas aus seinem »Grand Dictionnaire de cuisine« noch von 1873 zitiert.

Der Mensch hat es aber doch geschafft, diese Gebärmaschine – ein Weibchen von einem Meter Länge legt bei einem Laichvorgang drei Millionen Eier ab – auszurotten. Wenn es je einen Fisch gab, der für die Ewigkeit gemacht schien, schreibt Kurlansky, dann sei es der Kabeljau, und noch 1885 schätzte das kanadische Landwirtschaftsministerium: »Wenn die Naturordnung nicht von Grund auf umgestürzt wird, werden unsere Fischgründe noch jahrhundertelang reiche Erträge bringen.«

Was für ein Irrtum, und was muss der Mensch angestellt haben, um diesen Fisch nahe an die Grenze der Ausrottung zu bringen.

Nur an einer Stelle müssen wir Milde und Nachsicht bei Kurlansky walten lassen. Vom Angeln versteht er nichts. Hübsch noch die Anekdote, dass im Jahr 1994 ein holländischer Angler einen Kabeljau gefangen habe, der ein künstliches Gebiss im Magen hatte, das, wie sich herausstellte, von einem 60-jährigen Landsmann stammt, dem sein Gebiss drei Monate vorher über Bord gefallen war.

»Seine Gier«, lässt Kurlansky daraus schließen, »lässt den Kabeljau zur leichten Beute werden, aber Sportangler haben nicht viel Freude an ihm. Ist ein Kabeljau erst gefangen, kämpft er nicht um seine Freiheit. Man muss ihn einfach nur heraufziehen, und oft ist er ausladend und schwer.« Das ist, lieber

Kollege, Unsinn, den nur ein Nichtangler verbreiten kann.

## *Manfred Mixner: Die Welt im Trüben – Vom Fischen und Dichten*

Wir Angler stehen nicht im Ruf, Literaturnobelpreisträger im Dutzend hervorgebracht zu haben, umso beruhigender, dass Manfred Mixner diese Anthologie zusammengestellt hat, in der sich erweist, dass große Dichter sich zumindest schriftstellerisch diesem Sujet genähert haben.

Alfred Döblin schreibt über die Kormoran-Fischer in China, Goethe stellt sich in seinem berühmten Gedicht »Der Fischer« vor, wie »Das Wasser rauscht, das Wasser schwoll, ein Fischer saß daran, sah nach der Angel ruhevoll, kühl bis ans Herz hinan«. Worauf sich ein »feuchtes Weib« aus den Wassern erhoben, und »sie sprach zu ihm, sie sang zu ihm; da war's um ihn geschehen: Halb zog sie ihn, halb sank er hin und ward nicht mehr gesehn.« Goethe ist übrigens einer der Autoren, denen man anmerkt, dass er es nie wirklich betrieben hat, das Fischen, sondern nur die Metaphorik daran liebt (»in dem klaren mag ich gern und auch im trüben fischen«). Wohingegen das, was Gerhard Köpf dartut, erkennen lässt, dass er eine Ahnung davon haben muss, was die Faszination dieses Tuns ausmacht. »Wir rauchten und saßen noch eine Weile am Fluß«, formuliert er in »Nurmi oder Die Reise zu den Forellen«: »Nach dem Angeln vergeht die Zeit anders. Es ist, als folgte sie veränderten Gesetzen.« Genau.

Manfred Mixner ist über einen Onkel am Ossiacher See als Neunjähriger zum Angeln gekommen, der Onkel schleppte mit schwerem Gerät auf Hecht, und Klein Manfred fing mit einer Haselnussgerte und einem Weinkorken als Schwimmer die Rotaugen und Rotfedern, mit denen der Onkel seine Montage beköderte. »Dieses Erleben« beim Fang der Köderfische, schreibt Mixner, »wurde mir zu einem Inbegriff des Glücks«. Aber erst viel später sei ihm klargeworden, dass es einen elementaren Zusammenhang zwischen dem Dichten und dem Angeln gebe. Der Angler müsse sich aus seiner Wirklichkeitserfahrung heraus eine Welt unter Wasser vorstellen, und wie der Angler, so müsse auch der Dichter sich aus seiner Wirklichkeitserfahrung eine Welt vorstellen, die zu seinem Werk wird. »Nicht ohne Grund«, sagt Mixner, »haben die Psychoanalytiker für das Unbewusste des Menschen das Bild eines Sees gewählt, unter dessen Oberfläche das Verdrängte, das Vergessene, das Unbeachtete, die verlorene Erinnerung schlummert.«

## *Izaak Walton: Der vollkommene Angler oder Eines nachdenklichen Mannes Erholung*

Natürlich hat Mixner auch einen Auszug aus Waltons »Compleat Angler« in seine literarische Sammlung aufgenommen. Izaak Walton ist der Urvater des literarischen Anglers, sein Werk von 1653 ein Klassiker, ein Meisterwerk. Es ist inzwischen in über 300 Auflagen erschienen, in fast alle Sprachen der Welt übersetzt. Walton, ein Kaufmann mit einem Eisenwarenladen unweit der Fleet Street in London, geboren im mittelenglischen Stafford, hat mit seinem Werk dazu beigetragen, dass das Angeln in der angelsächsischen (!) Welt viel weiter noch verbreitet ist als hierzulande.

Waltons kontemplatives, in Dialogform geschriebenes Bändchen ist ein Kleinod. Seine Weisheit reicht ins Philosophische, weshalb das Stilmittel des Gesprächs zwischen dem Angelweisen Piscator und den beiden fragenden Freunden Venator (ein Jägersmann) und Auceps (ein Falkner) nicht zufällig an die Dialoge des Sokrates mit seinen Schülern bei Platon erinnert. Die einfache wie kluge Frage, die klare und weise Antwort führen allmählich in die Welt des Wissens, so wie die Fragen der Schüler an Sokrates hin zum philosophischen Kern des menschlichen Seins.

Das nicht mit Gold aufzuwiegende Büchlein des

Eisenwarenhändlers Izaak Walton gibt es auf Deutsch zurzeit nur antiquarisch, und so greift man zum sanften Bleistift nicht zum grellen Textmarker, um die trefflichen Stellen zu markieren, ohne das altehrwürdige Buch, das in unserem Fall 1969 bei Gustav Kiepenheuer in Weimar erschienen ist, über Gebühr zu verunstalten.

Wenn Piscator mit seinen beiden interessierten Freunden an den Fluss geht, wenn er sie lehrt, wie sie mit einer selbstgefangenen Heuschrecke oder einem Wurm (ein Wurm, er führt mindestens ein Dutzend Arten auf) erfolgreich ihrer ersten Forelle oder einem schlauen und misstrauischen Döbel nachstellen, so bemerkt man erfreut, dass sich in den 350 Jahren seit Izaak Walton am Wesenskern unseres Tuns nichts, aber auch gar nichts geändert hat, so dass es beim Angeln recht eigentlich nicht auf Shaker und Waggler und Drop-Shots und Rigs und No Action Shads und Bananen-Boilies und Winkelpickerruten und geflochtene Wunderschnüre ankommt. Sondern auf die Magie des Wassers, die Ruhe, den plötzlichen Stress, die Natur.

Der gute Izaak hat neben Königin Elisabeth, die immerhin fast 50 Jahre regierte, drei weitere englische Könige kommen und gehen sehen und ist im damals biblischen Alter von 93 Jahren gestorben. Sein letztes Lebensdrittel hat der Glückliche, der es bis dahin zu einigem Wohlstand gebracht hatte, nur mehr mit seinem Hobby zugebracht, was belegt, dass Angeln eine lebensverlängernde Wirkung hat, denn wer im 17. Jahrhundert über 90 Jahre alt wurde, würde heute wohl weit über 120.

Ganz nebenbei lehrt Waltons Werk auch, dass die Miss- und Verachtung, die den Anglern entgegenschlägt, auch eine jahrhundertelange Tradition aufweist. Das Missverständnis lebt schon viel länger als wir. Venator, der Jägersmann, bekennt in der Eingangszene, »bei manch fröhlicher Jagdgesellschaft über die Angler spotten und scherzen gehört« zu haben. Und Piscator, das philosophische Alter Ego Waltons gibt Venator gelassen zurück: »Und Euch, mein Herr, der Ihr gehört habt, wie mancher gesetzte ernste Mann die Angler bedauerte, möchte ich sagen, dass es nicht wenig Männer gibt, die man als ernst und gesetzt ansieht und für die wir doch nur Geringschätzung und Mitleid empfinden können, Männer, deren gesetztes Ansehen nur von ihrer sauertöpfigen Gemütsart herrührt; Männer, die nur auf Geld aus sind und all ihre Zeit damit zubringen, Geld zu erwerben und das Erworbene ängstlich zu hüten; Männer, die, zum Reichtum verdammt, immerzu geschäftig und missvergnügt sind. Darum bedauern wir Angler diese armen Reichen so sehr und haben es wahrlich nicht nötig, bei ihnen geistige Anleihen zu machen, um glücklich zu sein. Nein, nein, mein Herr, wir erfreuen uns einer Zufriedenheit, die über die Fassungskraft solcher Gemüter hinausgeht ...«

Besser kann man das auch vier Jahrhunderte später nicht sagen. Kürzer vielleicht: Ihr könnt uns mal. So was in der Richtung

## *Henry David Thoreau: Walden oder Leben in den Wäldern*

Ein Klassiker noch muss sein: Thoreau, Lehrer, Bleistiftfabrikant, Landvermesser, Philosoph, Schriftsteller, Naturbeobachter, Revolutionär.

Es scheint für Philosophen nicht von Nachteil zu sein, wenn sie sich als außerordentlich sesshaft erweisen und die weite Welt meiden. Denn so wie Immanuel Kant nie aus seinem Königsberg herauskam und dennoch Dinge aufschrieb, die die ganze Welt betrafen, so hat sich Thoreau nie weit von seinem Heimatort Concord in Massachusetts entfernt.

Als alle Welt sich auf Reisen machte, Mitte des 19. Jahrhunderts, da begab sich Thoreau an seinen Waldensee, einen Teich im Wald unweit seiner Heimatstadt, baute sich dort eine Hütte und lebte fortan für zwei Jahre als Einsiedler.

Dabei ist er kein Schrat, kein Romantiker, kein Verklärer, sondern ein hellgeistig Suchender. »Ich zog in den Wald, weil ich den Wunsch hatte, mit Überlegung zu leben, dem eigentlich, wirklichen Leben näherzutreten, zu sehen, ob ich nicht lernen konnte, was es zu lehren hatte, damit ich nicht, wenn es zum Sterben ginge, einsehen müsste, dass ich nicht gelebt hatte«, schreibt Thoreau und müsste damit eigentlich Pflichtlektüre jedes Selbstfindungskurses in reizüberfluteter Welt sein, die mit untrüglichem Gespür für den Zeitgeist eben erst der intellektuelle Modeschreiber Frank Schirrmacher ausgemacht hat. »Ich wollte nicht das leben, was nicht Leben war; das Leben ist zu kostbar. (…) Ich wollte tief leben, alles Mark des Lebens aussaugen, so hart und spartanisch leben, dass alles, was nicht Leben war, in die Flucht geschlagen wurde.«

Es ist das Glück nicht besser zu beschreiben, das uns durchströmt, als es Thoreau getan hat, in seinem Walden-Kapitel über die Einsamkeit: »Es ist ein wunderbarer Abend, an dem der ganze Körper nur ein Sinn ist und Wonne einsaugt durch jede Pore: Ich gehe und komme mit einer seltsamen Freiheit in der Natur. Wenn ich in Hemdsärmeln, obgleich es kühl, bewölkt und windig ist, am Teichufer entlanggehe und nichts Besonderes sehe, das die Aufmerksamkeit auf sich lenkt, dann fühle ich mich allen Elementen außerordentlich verwandt. Die Ochsenfrösche trompeten den Einzug der Nacht, und der Ruf der Nachtschwalbe wird von dem kräuselnden Wind über das Wasser herübergetragen. Innige Übereinstimmung mit dem zitternden Erlen- und Pappelblatt nimmt mir fast den Atem weg; und doch ist meine klare Heiterkeit wie die des Sees nur gekräuselt, nicht getrübt. Diese kleinen, vom Abendwind erregten Wellchen sind so weit vom Sturm entfernt wie die glatte, spiegelnde Wasserfläche. Es ist jetzt dunkel, aber noch immer weht und rauscht der Wind durch den Wald, die Wellen plätschern, und ein Geschöpf singt das andere zur Ruhe. Die Ruhe ist nie vollkommen. Das Wild ruht jetzt nicht, sondern geht auf Beute aus, der Fuchs, der Skunk und das Kaninchen durchstreifen furchtlos die Wälder und Felder. Das sind die Nachtwächter der Natur – Glieder, welche die Tage des wachen Lebens miteinander verbinden.«

Um es mit Hermann Hesse zu sagen: »Die amerikanische Literatur, so kühn und großartig sie ist, hat kein schöneres und tieferes Buch aufzuweisen.«

## *Paul Torday: Lachsfischen im Jemen*

Paul Torday ist einer der komischsten und stilsichersten zeitgenössischen britischen Autoren. Er versteht es auf bezaubernde Weise, Charaktere zu schaffen und vor unserem geistigen Auge lebendig zu machen wie etwa den tragischen Mr. Wilberforce im gleichnamigen Roman »The Irresistible Inheritance of Wilberforce«, der auf Deutsch auf den eher schnöden Namen »Bordeaux – Ein Roman in vier Jahrgängen« getauft ist. Die Geschichte eines einsamen Alkoholikers, die zwischen Verklärung eines gepflegten Alkoholismus und dessen Grauen munter oszilliert.

»Lachsfischen im Jemen« erzählt von dem größenwahnsinnigen Projekt eines Scheichs im Jemen, der sich in den Kopf gesetzt hat, in seinem dafür nicht eben prädestinierten Land einen Lachsfluss schaffen zu lassen, in dem die Lachse aufziehen, die er dann angeln kann. Ein nicht minder größenwahnsinniger britischer Premierminister, unschwer als

Alter Ego Tony Blairs auszumachen, hilft dem Scheich bei dessen irrsinnigem Projekt und kommt am Ende selbst auf einen Angeltörn vorbei.

Das alles ist *very funny indeed* und nur zu verstehen vor dem Hintergrund, dass Paul Torday, geboren 1946, einerseits Englische Literatur am Pembroke College in Oxford lehrt, andererseits aber vor allem seit mehr als fünfzehn Jahren begeisterter Lachsfischer ist, der in der Grafschaft Northumberland, in der Nähe des wilden Flusses North Tyne, auch ausreichend Gelegenheit hat, seiner Leidenschaft nachzugehen – wenn er nicht gerade darüber schreibt.

## *Paulus Hochgatterer: Eine kurze Geschichte vom Fliegenfischen*

Der Titel ist verheißungsvoller als das Buch, immerhin: ein Thriller an einem Angelausflug entlang erzählt.

Der Autor, das merkt man, weiß, wovon er schreibt, so schreibt keiner, der noch nie gefischt hat, übers Fischen. Und auf Seite 69 unten findet sich die schöne Sentenz: »Den Iren kann man mit solchen Dingen begeistern. Eine Fliege, auf die garantiert kein Fisch beißt, an eine Stelle zu werfen, an der sich garantiert kein Fisch befindet. ›Das ist reine Kunst‹, sagt er dann, ›völlig losgelöst von irgendeinem Zweck.‹«

Reine Kunst, völlig losgelöst von irgendeinem Zweck – allein für diese Formulierung lohnt sich das dünne Bändchen.

## *Alexander Schwab: Dear Jim – Reflections on the Beauty of Angling, und: Hook, Line and Thinker – Angling & Ethics*

Die Bücher und die Homepage philofish.ch von Alexander Schwab gehören zum Abgefahrensten, was mir in Sachen Literatur, die Angelei betreffend, untergekommen ist. Schwab, ein Schweizer, der auf Englisch in einem kleinen, feinen englischen Verlag veröffentlicht, ist so liebenswert verschroben – wir brauchen mehr Schwabs unter uns. Wer sich nicht auf alles, was er sieht und liest, gleich einen Reim machen muss, sondern es als das begreift, was der Brite so unnachahmlich »Food for thought« nennt, der ist bei Schwab und seinen beiden Büchern gut aufgehoben.

Schwab hat in Aberdeen Philosophie und Geschichte studiert, lebt heute wieder in seiner Heimat, der Schweiz, genauer im Emmental, und füllt die Lücken zwischen den Angeltrips, wie es im Klappentext heißt, mit der Tätigkeit als Management-Berater. Schwab ist übrigens nebenbei begeisterter Pilzsammler, was meine These stützt, dass der Pilzsammler und der Fischer sehr viel gemeinsam haben und nicht selten in ein und derselben Person auftreten. »When going fishing«, schreibt Schwab, »you don't get away from it all, you come to terms with it all.«

Das kann man nicht übersetzen, so schön ist das.

## *Jeremy Paxman: Fish, Fishing and the Meaning of Life*

Allein der Titel dieser Anthologie ist ein Gedicht, hinter dem sich der ganze Zauber unseres Tuns verbirgt. Paxman ist einer der prominentesten Anchormen des englischen Fernsehens, bekannt vor allem durch seine Sendung *Newsnight,* eine Art Claus Kleber der Insel, nur viel besser. Unsterblich wurde er dadurch, dass er, ein berüchtigt harter Interviewer (kein Vergleich zum deutschen Standard), einem Politiker x-mal die wortgleiche Frage gestellt hatte, weil der sich weigerte, sie zu beantworten.

Paxman hat Bücher über »The English« geschrieben, und neben diesem Porträt eines ganzen Volkes eine Anatomie des »Political Animal« abgeliefert, über das englische Königshaus – kurzum, über alles, was wichtig ist im Königreich, also auch über das Angeln. Seine Textsammlung ist nicht, was man an einem Abend durchliest, sondern etwas zum Blättern, zum Schmökern, zum Hängenbleiben.

Der kleine Jeremy ist über seinen Großvater an den Haken geraten, den er am Wasser sich verwandeln sah, das war nicht mehr die »düstere Figur mit Schnurrbart, die sich noch vor ein paar Stunden hinter der *Financial Times* versteckt hatte«. Er bemerkt diese Verwandlung auch bei sich selbst, wenn er ans Wasser geht, eine Verwandlung, die einhergehe mit der »Aussicht auf unbedingte Freiheit«.

Es gebe wenige Dinge auf der Welt, die eine dem Fischen vergleichbare Faszination ausübten, schreibt Paxman. »Als Großbritanniens größtem Seefahrer, Horatio Nelson, der rechte Arm am Ellenbogen abgeschossen wurde, da hat er gelernt mit links zu werfen.« Und als Lord Grey in der Hochzeit des Empires die Bürden der britischen Außenpolitik zu tragen hatte, da stahl er sich aus dem Regierungsviertel in der Dämmerung weg, um den letzten Zug in sein geliebtes Hampshire zu erreichen und Fischen zu gehen. Und Eric Clapton, schreibt Paxman, gibt Tausende von Pfund aus, nur um in der Saison ein paar Tage die Freuden des Forellenangelns zu genießen.

Keine schlechte Gesellschaft also, in der wir Angler uns befinden.

## *Heinz Haase: Faszination Fisch*

»Geschichtliches zum Fisch und seinem Fang«, verspricht Heinz Haase im Untertitel seines Bildbandes, der manch einem etwas bieder vorkommen mag, aber allein der Exkurs über »Das Straßburger Fischbüchlein« von 1498 beschert erbaulichen Lesespaß.

Wie man Forellen und Äschen »merklich« fangen soll, darin unterweist das dritte Kapitel, das auf der ersten Seite des Straßburger Fischbüchleins angerissen ist: »Also nimm ein schwarzes Huhn und drei Eidotter und Safran groß als eine Erbse. Danach nimm und mach ein Loch in das Huhn und stoß die genannten Materialien alle da rein und nähe das Loch wieder zu. Danach stoß das Huhn in Pferdemist drei oder vier Tage und so viel Wochen, bis das Huhn faul wird. So findest du gelbe Würmlein darinnen. Diese stecke allemal eines an die Angel. Die anderen behalte in einem verschlossenen Büchslein. So wirst du Wunder erfahren.«

Maden aus dem Angelladen, im Biofresh-Fach kühl gehalten, ersparen mehr als 500 Jahre später die etwas unappetitliche und hühnerunfreundliche Erzeugung der Wunderköder.

Am Ende aber machen wir bis heute nichts anderes.

## *John von Düffel: Vom Wasser*

Kein Roman übers Angeln, aber einer über unser Element, mit einem Feingefühl für Wasser verfasst, dass man jeden Moment Lust bekommt, die Rute aus dem Keller zu holen und raus ans Fischwasser zu gehen.

Wenn Fräulein Smilla ein Gespür für Schnee hat, dann hat John von Düffel ein beneidenswertes Gespür für Wasser und kann das auch noch exzellent aufschreiben.

## *Mein lieber Fisch – Vierundzwanzig Fischgedichte von Arezu Weitholz*

Robert Gernhardt, Ringelnatz, Ernst Jandl, Kurt Tucholsky – es hört sich etwas dick aufgetragen an, wenn man die herzallerliebsten Fischgedichte von Arezu Weitholz in eine Reihe stellt mit den genannten Autoren, aber an guten Tagen reicht Weitholz wirklich heran an jene Dichter, die ihre Reime mit Schalk und Mutterwitz und ohne Angst vor dem Kalauer verfasst haben. Die junge Autorin erfreut zunächst einmal dadurch, dass sie – nun ja – für eine Frau eine Menge von den Fischen als solchen weiß. Sie weiß, dass der Lippfisch das Geschlecht und seine Farbe ändert im Laufe seines Lebens, sie kennt eine Lodde und den Buckellachs und tut zumindest so, als wisse sie auch etwas mit dem nordischen Wort vom Klippfisk anzufangen.

Die Gedichte sind gewagt, sie variieren von völlig missraten bis nahezu genial. Aber das ist gerade der Spaß daran – nicht zu wissen, ob sich im nächsten Augenblick die Fußnägel kräuseln vor Sprachschmerz oder man verzückt ist von Weitholz' Wortwitz. Das kleine schwarze Büchlein gehört auf jede Anglertoilette. Und so liest er dann, der Angler, vom »Dendemannschen Hecht«* und damit von sich selbst:

Es war einmal ein Hecht
der zog im Teich hochtief herum
er kam mit allen gut zurecht
er schwimmte, schwamm und schwumm.

Er reimte täglich einen Spruch
und machte einen Sprung.
Das war ihm ganz und gar genuch
umfassende Ertüchtigung.

Doch gestern Mittag, kurz nach zehn
da guckt er ziemlich dumm.
Ein Angler lockte ihn an Land
und bracht ihn einfach um.

Der Hecht, der schwumm und reimte
ist nun für immer stumm.
Und wie die Hechtin weinte
und keinen Reim fand auf »warum«.

---

*Abdruck mit freundlicher Genehmigung des Weissbooks Verlags

Wer weiß, was gewesen wäre, hätte ich dieses Büchlein nicht erst gelesen, als dieses Manuskript so gut wie abgeschlossen war. Vielleicht hätte ich es gelassen, hätte gesagt: Es gibt da schon eines, es ist von einem tschechischen Autor namens Ota Pavel, der hat eigentlich alles Nötige gesagt, und das in einer literarischen Form, an die heranzureichen schwer ist.

Ota Pavels »Wie ich den Fischen begegnete« ist mehr als ein Buch über eine Kindheit als Schwarzfischer. Es ist wie das »Tagebuch der Anne Frank« aus der Sicht eines kleinen tschechischen Buben, der heimlich Karpfen angelt, um seine Familie während der Besatzung durch die Nazis mit proteinreicher Nahrung zu versorgen. Das Buch ist große Literatur, es reicht heran an Hemingways alten Mann und das Meer.

»Als es mir besser ging«, schreibt Pavel, »dachte ich an das, was in meinem Leben am schönsten gewesen war. Ich dachte nicht an die Liebe, auch nicht daran, wie ich mich auf der Welt herumgetrieben hatte. Ich dachte nicht an nächtliche Flüge übers Meer und Ozeane, auch nicht daran, wie ich Eishockey im Prager Spartaklub gespielt hatte. Ich ging wieder zu den Fischen, an Bäche, Flüsse, Teiche und Talsperren und erkannte, dass gerade das, was ich dort erlebt hatte, das Schönste auf der Welt war.«

Pavels Erzählungen atmen einen wunderbaren

Geist. Überdies ist es ein schönes Buch mit festem Papier und wunderbaren Illustrationen, das man da schwer und voll in den Händen hält. Etwas für bibliophile Angler, das soll es ja auch geben.